Franz Pocci · Lustiges Komödienbüchlein 5

ULRICH DITTMANN, Dr. phil., geboren 1937 in Berlin, studierte in München und Durham (England) deutsche und englische Literaturgeschichte, promovierte über Thomas Mann und unterrichtete ab 1966 an der Münchner Ludwig-Maximilians-Universität Neuere Deutsche Literatur. Dittmann ist seit 1975 Bandherausgeber der Historisch-kritischen Gesamtausgabe der Werke und Briefe Adalbert Stifters, er verfasste einen Kommentarband und gab als Co-Editor sechs Textbände heraus. Ulrich Dittmann ist Vorstand der Oskar Maria Graf-Gesellschaft e. V., München.

Franz von Pocci
Schriftsteller · Zeichner · Komponist

Werkausgabe in Verbindung mit
der Bayerischen Staatsbibliothek München,
dem Literaturarchiv Monacensia der Stadt München
und der Internationalen Jugendbibliothek München

Herausgegeben von
Ulrich Dittmann, Waldemar Fromm und Wilfried Hiller

Abteilung I
Dramatische Dichtungen
Band 6

edition monacensia

Franz von Pocci
Lustiges Komödienbüchlein

Fünftes Bändchen · Nach der Erstausgabe von 1875

Herausgegeben
von Ulrich Dittmann

Die Edition dieses Bandes wurde ermöglicht
durch die freundliche Förderung von Ines und Adrian Jerchen, Würzburg

Herausgeber und Verlag danken Frau Dr. Barbara Krafft für ihre
wissenschaftliche Beratung und die kundige Durchsicht des Kommentars

edition monacensia
Herausgeber: Monacensia
Literaturarchiv der Stadt München
Dr. Elisabeth Tworek

Weitere Informationen über den Verlag und sein Programm unter:
www.allitera.de

Bibliographische Information der Deutschen Bibliothek

Die Deutsche Bibliothek verzeichnet diese Publikation
in der Deutschen Nationalbibliographie;
detaillierte bibliographische Daten sind im Internet
über <http://dnb.ddb.de> abrufbar.

November 2010
Allitera Verlag
Ein Verlag der Buch&media GmbH, München
© 2010 Buch&media GmbH, München
Umschlaggestaltung: Kay Fretwurst, Freienbrink
Herstellung: Books on Demand GmbH, Norderstedt
Printed in Germany · ISBN 978-3-86520-410-3

Inhalt

Aschenbrödel 9

Der artesische Brunnen, oder Casperl bei den Leuwutschen 47

Casperl als Turner 81

Casperl wird reich 95

Der Zaubergarten (Zwischenspiel) 117

Crocodilus und Persea, oder der verzauberte Krebs 127

Schimpanse der Darwinaffe 147

Gegenüberliegende Seite: Titelblatt der Erstausgabe von 1875

Lustiges Komödienbüchlein

von

Franz Pocci.

Fünftes Bändchen.

München.
Druck und Verlag von Ernst Stahl.
1875.

Aschenbrödel.

Märchenspiel in vier Aufzügen.

Personen.

Prinz Arnold.
Astraleus, sein Erzieher, Magier.
Freiherr Heinz, Ritter auf Stolzenburg.
Arrogantia
Stultitia } dessen Töchter erster Ehe.
Aschenbrödel, dessen Tochter zweiter Ehe.
Casperl, des Prinzen Stallmeister.
Aschenbrödels Mutter (als Erscheinung.)
Genien.

I. Aufzug.

Wald. Verhallende Jagdhörner.
Prinz Arnold. Casperl.

Prinz Arnold.

Die Jagd ist zu Ende. Ich bin müde.

Casperl.

No – ich mein's! Jetzt jagen wir schon den ganzen Tag 'rum. Wir könnten gnug haben an der Hetz. Ich komm mir selbst wie ein Windspiel vor. Und was haben wir erwischt?

Prinz.

Nicht Viel! S'ist wahr. Waidmannsglück war mir nicht hold heute, weder mit Armbrust noch Speer.

Casperl.

Ich war so glücklich, einen Hasen laufen zu sehen und ein Eichkatzl ist mir über'n Weg gesprungen.

Prinz.

Tollkopf!

Casperl.

Allein einen Hunger hab' ich, einen Durst –

Prinz.

Nichts als Hunger oder Durst heißt's bei Dir. Dieß ist deine Lebensaufgabe.

Casperl.

Ich glaub', daß das auch so ziemlich Ihre Lebensaufgabe ist; denn, wenn Sie den Hunger nicht stillen und den Durst nicht löschen würden, so wär's aus mit Ihnen; also ist Essen und Trinken auch Ihre Löbensaufgabe.

Prinz.
Nun – so beeile dich, deine Pflicht als M e n s c h zu erfüllen. Reite in's Schloß voraus; pflege Deines kostbaren Lebens. Bestelle mir mein Nachtmahl. Ich will hier noch ein wenig ruhen und der Abendluft genießen. Bald folg' ich nach.

Casperl.
Sogleich werde ich meinen Schimmel besteigen, den ich da draußen hinter den Coulissen angebunden hab' und nach Haus trotteln. Gehorsamster Diener. (ab.)

Prinz Arnold (allein.)
Wie froh bin ich allein zu sein! Vielleicht finde ich das holde Mädchen wieder, dem ich schon ein Mal zu dieser Stunde hier begegnet bin. Mein weiser Erzieher und Freund Astraleus las in den Sternen, es sei an der Zeit, daß ich eine Gattin nehme. Nun denn, wenn die Vorsehung es will, da ich doch den Knabenschuhen entwachsen bin, so sei es! Allein ich fühle mich zu diesem unbekannten lieblichen Wesen so hingezogen, daß ich mir keine Andere zur Braut wählen könnte. Sieh da: In der That – sie kömmt wieder aus der Tiefe des Waldes hergeschritten. Ich will mich verbergen, um sie zu belauschen.

Aschenbrödl
(in grauem Kleide einen Korb tragend. Tauben fliegen um sie. Setzt sich auf einen Baumstock.)
O wehe! wie bin ich heut wieder müd! Aber warum suchen und pflücken sie nicht selbst mit mir, da sie Erdbeeren und Brombeeren haben wollen? Sie sind wohl meine Schwestern und a u c h meines Vaters Töchter, wie ich; allein ich spüre Nichts davon. Sie thun Nichts, als mich quälen, plagen, und ich habe kaum genug zu essen und darf nur am rauchigen Kamine sitzen und da heißen sie mich darum Aschenbrödl. Ach, es geht mir recht schlecht. Meine liebe todte Mutter weint gewiß im Himmel oben, wenn sie auf mich herabsieht. (Weint bitterlich. Tauben umflattern sie, setzen sich auf ihre Schulter und Hand.)
Ihr lieben Täublein seid noch meine einzigen Freunde, die ihr mich ständig begleitet.

Prinz (hervortretend.)
Liebes Kind, warum weinst Du so bitterlich?

Aschenbrödl (erschreckt.)
O weh! – was habt ihr mich doch erschreckt! (Die Tauben flattern auf.)

Prinz.

Verzeih mir! – Ich habe solch Mitleid mit Dir. Schon das zweitemal find' ich Dich hier in Thränen. Kann ich Dir nicht helfen?

Aschenbrödl.

Ihr seid wohl gut; allein mir ist nicht zu helfen. Es ist eben s o mit mir. Aber vielleicht ändert's doch der liebe Gott, wenn es nur zum Heile ist.

Prinz.

Sage mir doch: Wer bist Du denn? Darf ich es nicht wissen, und ich bin Dir so gut! Du scheinst mir so lieb und fromm.

Aschenbrödl.

Ach nein, nein. Die Schwestern schmähen mich immer ein abscheulich Ding und puffen und schlagen mich. Ich kann ihnen Nichts recht machen.

Prinz.

Ei, hast Du Schwestern?

Aschenbrödl.

Freilich hab' ich deren, allein es ist, als ob ich k e i n e hätte. Ich bin nur ihre Magd im Hause. Seht: da schicken sie mich immer um süße Beeren in den Wald, und bringe ich nicht jedesmal den Korb voll – da setzt's wieder Püffe ab.

Prinz.

Pfui, das ist abscheulich! – Laß mich mit Dir gehen. Ich will Dich beschützen.

Aschenbrödel.

Es kann nicht sein.

Prinz.

Komm' doch, ich gehe mit.

Aschenbrödl.

Nein, nein;
Es kann nicht sein,
Bin's Aschenbrödl klein,
Verschwind' im Dämmerschein.

(Eine Nebelwolke umschwebt sie und sie verschwindet.)

Prinz.

Wohin ist sie?
Ein Nebelwölkchen hat sie schnell umhüllt,
So bleibt mein Sehnen unerfüllt.
Wohin, wohin ist sie entschwunden?
Hat sie ein Zauber denn gebunden?

Astraleus (tritt aus dem Gebüsche bervor.)

Seid mir gegrüßt, mein theurer Sohn! es senkt
Der Abend sich, bald deckt die Nacht das Thal.
Kommt heim zur Burg; es harret schon das Mahl.
Längst sucht ich euch.

Prinz.

Und ich steh' nun vor euch,
Von einem Wunder schier entrückt.
Ein Bild entschwand, das mich entzückt!

Astraleus.

O habt Geduld. Ich las in Himmelszeichen,
Daß euch des Glückes Gunst nicht wird entweichen.
Was für den Augenblick euch scheint genommen,
Zur rechten Stunde wird es wieder kommen.

(Beide ab.)

Verwandlung.

Zimmer auf dem Schloße des Ritters von Stolzenburg. Rückwärts ein welscher Kamin, in dem ein kleines Feuer lodert. Nacht. Licht in der Stube.

Ritter Heinz. Arrogantia. Stultitia.

Heinz.

Das Feuerchen im Kamine thut wohl. Die Herbstabende werden schon kalt. Nicht wahr, meine theuern Töchter fein?

Arrogantia.

Wo nur der Fratz wieder so lange bleibt?

Stultitia.

Schon seit Nachmittag fort und noch nicht da!

Heinz.

Ja, aber nicht unbillig! Es ist keine Kleinigkeit, daß Aschenbrödl euch, Lekkermäulchen, täglich Körbe voll Erdbeeren und dergleichen heimbringen soll. Dazu braucht es wohl Zeit; denn die wachsen nicht um das Schloß herum. Da heißt's »laufen« und »suchen.«

Arrogantia.

Das verstehst Du gar nicht, Papa. Aschenbrödl ist so faul, daß sie sich immer im Walde auf's Moos legt und schläft.

Stultitia.

Was thut sie denn Anderes, als faullenzen?

Heinz.

Das möchte ich denn doch nicht behaupten. Sie arbeitet ja den ganzen Tag für euch, und ihr gebt dem Kinde kaum die Abfälle von unserer Tafel zu ihrer Nahrung.

Stultitia.

Aschenbrödel hat zu essen genug. Sie braucht nicht mehr.

Arrogantia.

Überhaupt ist sie ein unnützes Meubel im Hause.

Heinz.

Ah! das ist ein Bischen stark. Ein Meubel! Das Kind meiner zweiten Gemahlin! Meine Tochter – so gut wie ihr beide.

Arrogantia.

Ihr hättet eine zweite Frau gar nicht zu nehmen gebraucht.

Stultitia.

Ja, meine Schwester hat ganz recht. Dann wäre das dumme Ding auch nicht auf die Welt gekommen.

Heinz.

Aber, aber! ihr seid wieder sehr muthwillig heute, liebe Mädchen. Nun, seid nur nicht gar zu böse mit Aschenbrödel, wenn sie heim kömmt. Ich will vor dem Abendessen noch ein Schläfchen machen.

Arrogantia.

Gut, gut. Schlafen Sie nur, Papa, daß ist das Beste was Sie thun können.

Stultitia.

Zum *Souper* wecken wir Sie schon.

(Heinz ab.)

Arrogantia.

Aber heute bleibt Aschenbrödel doch gar zu lang aus.

Stultitia.

Da setzt's eben wieder ein paar Ohrfeigen mehr ab.

(Aschenbrödel tritt ein, ihr Korb voll Erdbeeren.)

Arrogantia.

Ei, ei! Sind Sie endlich gefälligst wieder da, Mamsell? (schlägt sie.) Da hast du deinen Lohn, faule Dirne.

Stultitia (schlägt sie auch.)

So! da hast du von mir auch noch Etwas zur Belohnung!

Aschenbrödel (weint.)

O weh! ich bitt euch: schlagt mich nicht. Ich bringe den Korb voll der schönsten Waldbeeren.

Arrogantia.

Um den Bettel zusammenzubringen, hast du bis in den späten Abend hinein gebraucht?

Stultitia.

Vermuthlich wieder im Wald herum geschwärmt? Marsch! in deinen Winkel hinter'm Kamin! Da ist ein Stück Brod für dich.

Aschenbrödel (weint.)

Ach, mein Gott! Ihr seid recht hart gegen mich. Ich thu' euch doch zu lieb, was ich vermag.

Arrogantia.

Schweig! Geh' an deinen Platz!

(Aschenbrödel setzt sich weinend an den Kamin und ißt am Brodstücke. Ein paar Tauben flattern herein und setzen sich auf Aschenbrödels Schulter.

Aschenbrödel.

Seid ihr wieder da, ihr lieben Täubchen, mein einziger Trost? Da, eßt mit mir von meinem Brod. Was bringt ihr mir für Neuigkeit aus dem Walde?

(Es pocht an der Thüre.)

Stultitia.

Wer pocht da?

Arrogantia.

Hast du die Vorthüre nicht zugesperrt, Aschenbrödel? Du dummes Ding!

Aschenbrödel.

Ich weiß nicht. Laßt mir Ruhe.

(Astraleus als Bettler verkleidet in einen Mantel gehüllt, mit einer Laute, tritt ein.)

Astraleus.

Verzeiht, schöne Damen, daß ich ungebeten eintrete; aber ich bin so arm, daß ich heute noch keinen Bissen über die Lippen gebracht habe.

Stultitia.

Und vornehme Leute belästigt.

Astraleus.

Ach, mein Fräulein, ihr wißt nicht, wie weh der Hunger thut, wie beschwerlich das Alter ist!

Stultitia.

Das thut uns sehr leid; aber was geht das uns an? Geht euere Wege!

Astraleus.

O, gestattet nur, daß ich euch ein Liedchen vorsinge; dann erst bitte ich um ein paar Pfennige Almosen.

Singt zur Laute:

O hört des alten Sängers Lied, er

von der Ta-fel nieder fällt, da-von beschen-ket

mich, da-von beschenket mich.

Gönnt einen Trunk aus dem Pokal,
Gefüllt mit edlem Wein;
Nur einen einz'gen kühlen Trunk –
Ich werd' bescheiden sein.

Und hab' mein Lied gesungen ich,
So zieh' ich wieder fort
Und wand're mit der Laute dann
Arm hin von Ort zu Ort.

Arrogantia.
Des langweiligen Singsangs und Klingklangs hätten wir nicht bedurft.

Stultitia.
Wir haben selbst nicht immmer Alles, was wir möchten.

Arrogantia.
Unser Haus ist keine Anstalt für Bettelvolk –

Stultitia.
Oder für Musikanten. Komm, Schwester, laß uns zum Abendessen geh'n!

Astraleus.
Ach! nur einen Bissen! Nur einen stärkenden Schluck Wein für einen alten Mann!

Stultitia.
Macht, daß ihr fort kömmt, sonst – –

Arrogantia.
Lassen wir euch den Weg hinausweisen.
(Stultitia und Arrogantia gehen ab.)

Astraleus.
So wird die Armuth verstoßen! Unbeschenkt muß ich meines Weges weiter zieh'n. (will fortgehen.)

Aschenbrödl (tritt ihm entgegen.)
Nicht doch, alter Mann! Ich habe zwar selbst nicht Viel, aber Was ich habe, das will ich euch geben. Bleibt ein wenig; setzt euch zu mir an den Kamin her; ruhet aus. Die Schwestern kommen so bald nicht wieder.

Astraleus.
O du liebes gutes Kind. Ich hatte dich ja gar nicht bemerkt. Wo stackst du denn?

Aschenbrödel.
Dort, am Kamine; da ist mein Platz. Setzt euch; da ist mein Brod und ein Stückchen Käse. Ich hab's noch vom Mittagsessen in meiner Tasche.

Astraleus.
Danke, danke tausendmal! Gott wird dir's vergelten. (Setzt sich an den Kamin.)
(Aschenbrödel vor ihn auf den Boden.)

Astraleus.
Aber sage mir: du sprachst von deinen Schwestern. Sind es diese beiden, die uns eben verließen?

####### Aschenbrödel.

Freilich sind sie's.

####### Astraleus.

Und sie behandeln die Armuth auf solche Weise? Und dir scheinen sie auch nicht sehr hold zu sein?

####### Aschenbrödel.

Ich bin zwar ihre Stiefschwester, allein ich bin nur ihre Magd. Sie nennen mich immer das Aschenbrödel, weil ich da am Kamin kaure, wenn ich nicht in der Küche oder Kammer zu thun habe. Sie mögen mich gar nicht leiden. Ach! wenn meine Mutter noch lebte! – Wie lieb hatten wir uns. (weint.)

####### Astraleus.

Du armes Kind! Könnt ich dir helfen! ich bin ja selbst ein armer Mann. Segnen aber will ich dich. Der Segen eines Greises wird dir nicht schaden.

####### Aschenbrödel.

Thut es, lieber Mann. Meine Mutter segnete mich an jedem Abende; und seht: so wie jetzt, kniete ich immer vor ihr nieder. (Kniet sich vor Astraleus hin.) Astraleus legt ihr die Hände auf und beschreibt magische Kreise um ihr Haupt. Aschenbrödel schlummert sanft niedersinkend ein. Auf rosigen Wolken erscheint der Geist der Mutter, über ihr schwebend, und spricht:

Schlumm're, o mein theu'res Kind,
Um zu träumen süßen Traum!
Schweb' in Wonneseligkeit
Wie in überird'schem Raum!
Muttersegen ruht auf Dir;
Liebe trennt auch nicht der Tod.
Mutterliebe weilt bei Dir,
Wie ein ewig Morgenroth.

Sanfte Musik ertönt. Ein rosiger Schimmer beleuchtet die Gruppe, während der Vorhang langsam fällt.

II. Aufzug.

Garten am Schloße Stolzenburg.

Ritter Heinz einen offenen großen Brief in der Hand tritt triumphirend ein.

Heinz.
Welche Freude, welche Wonne!
O mir scheint des Glückes Sonne;
Prinz Arnold schrieb mir soeben,
Sich auf Reisen zu begeben,
Daß er, bei mir einzukehren,
Heute noch mich wird beehren.
Ohne Zweifel, wie ich meine,
Will er meiner Töchter Eine
Sich vielleicht zur Gattin wählen:
Eine dieser edlen Seelen;
Arrogantia, die stolze Schöne
Und Stultitia, die amöne!
Bald werd' ich – so süße Pein! –
Prinzenschwiegervater sein!

(Arrogantia und Stultitia eilen von beiden Seiten herein.)

Arrogantia.
Papa! was hörte ich? Du hast einen Brief erhalten – –?

Stultitia.
Von Prinz Arnold?

Arrogantia.
Eigenhändig?

Heinz.
Manupropria!

Stultitia.
Höchst wichtig!

Heinz.

Und w i e wichtig! – Ja, meine glücklichen Töchter, in Folge dieses durchlauchtigen Schreibebriefes zweifle, zweifle ich nicht, daß der hohe mir manupropria angekündigte prinzliche Besuch – o vernehmt glücksschauernd was ich vermuthend wittere! – ich sage: der hohe prinzliche Besuch –

Arrogantia und Stultitia (zugleich.)

Nun? Nun? –

Heinz.

Dieser Besuch E u c h Beiden oder mindestens E i n e r von E u c h Beiden gewidmet sei. D e n n , wie seit einigen Tagen bekannt, hat der Prinz eine Rundreise im Lande vor, um sich eine Gemahlin zu suchen. Bei E u c h fängt er an!

Arrogantia und Stultitia (zugleich aufschreiend.)

Ha! ich bin des Prinzen Braut. (sinken in Ohnmacht.)

Heinz.

Erholt euch, faßt euch, Kinder! Wenn es auch noch nicht ganz bestimmt ist, daß Eine von euch der Hand des Prinzen sicher ist, so sind doch laut dieses erhabenen Briefes, in welchem eigentlich gar Nichts dergleichen geschrieben steht, die Aussichten und Constellationen von d e r Art, daß man vermuthen könnte, der Prinz sei geneigt, über d a s nachzudenken, was er im Sinne hat.

Arrogantia.

Er hat ja selbst geschrieben.

Stultitia.

Und selbst gesiegelt?

Heinz (gerührt.)

A l l e s – s e l b s t ! Ich habe zwar noch nie das Glück gehabt, den Prinzen in Person zu kennen, weil ich, wie ihr wißt, seit Jahren meines Podagra's wegen den Hof nicht mehr besuchte und ich den Prinzen nur in seiner Kindheit gesehen habe; allein er soll ein wunderschöner Jüngling sein und hoch gebildet durch seinen Erzieher, den weisen Magier Astraleus.

Arrogantia.

M e i n , m e i n soll er werden!

Stultitia.

Sein, sein soll ich werden!

Heinz.

Bedenkt Kinder: in wenigen Stunden, ja Viertelstunden kann er schon hier sein! Eilt in's Schloß, Alles vorzubereiten. Ich hörte, daß Prinz Arnold ein besonderer Liebhaber von gebratenen Schnecken ist. Sorgt dafür, daß deren gleich zur Tafel geschafft werden.

Arrogantia.

Wir wollen Alles aufbieten.

Stultitia.

Aber wir haben kein Geld im Haus.

Heinz.

Dieß ist ja bei uns meistens der Fall. Versetzt Alles, was wir entbehren könnten. Macht schnell ein Anlehen. Fort, fort! Schickt Aschenbrödel in den Wald, daß sie Schnecken suche! Fort, fort!

(Alle ab in's Schloß.)

Posthornruf hinter der Scene.

Casperl in hohen Reitstiefeln, einen Strauß auf dem Hut, tritt mit großen Schritten ein.

Casperl.

»Casperl, Casperl,« sagte der Prinz heute früh zu mir, als ich ihm seine Sporen anschnallte, »Casperl, du bist mein Stallmeister und hast mein volles Vertrauen. Vertrauen!« – Ich will mir eine Gemahlin aussuchen und du sollst in dieser wichtigen Angelegenheit bei gewissen Gelegenheiten moine – wohlverstanden moine Person vertreten. Um nicht erkannt zu werden, werde ich, der Prinz, meinen eigenen Stallmeister vorstellen, während Du mich vorstellst. Du sollst ich sein, und ich werde du sein, so lange ich diese Verstölung für nöthig halte.«

Pumps dich! Das ist eine Aufgabe! Casperl nimm dich z'sam. Bereits bin ich hier als Prinz in der ersten Station angelangt. Beim Ritter Heinz v. Stolzenburg soll die Brautschau buginnen. Vornehm, ödel, prinzlich will ich hier auftreten. Ich werd' eßen und trinken, was nur in mich hineingeht; kurz und gut – – halt! da kommt schon Wer aus'm Schloß. Also gleich in Positur.

(Arrogantia von der einen – Stultitia von der andern Seite eintretend.)

Arrogantia (mit tiefer Verneigung.)

Wir haben die Ehre einen fremden Ritter zu begrüßen?

Stultitia.

Dürfte man wagen, sich mit der Frage zu nahen, w e n wir die Ehre haben?

Casperl (ungeheuer vornehm.)

O sehr, Ja. Nicht nur, sondern sehr, aber w i e ? Mir schoint, diese beiden Froileins sind woiblichen Geschlechtes, wenn Sie nicht schon verhoirathet sind.

Arrogantia.

Wie graziös!

Stultitia.

Wie fein!

Casperl.

Oh, oh! *Parlez vous français? – Comment vous purlez vous? – Je – oui, oui, oui –* (macht nach links und rechts ungeheure Reverenzen.)

Arrogantia.

Sollten wir die Gnade haben?

Stultitia.

Dürften wir so glücklich sein?

Casperl.

Koineswegs! aber doch! Ich bin, der ich bin, aber doch nicht, der ich nicht bin, bin, bin. –

Arrogantia.

Wie räthselhaft!

Stultitia.

Aber geistreich!

Casperl.

Was kriegen wir denn zu essen, oder zu spoisen? Haben Sie etwas Gutes? werde ich bald etwas zu essen bukommen?

Arrogantia.

Durchlaucht!

Stultitia.

Hoheit, wir werden unsern Vater holen.

Casperl.

Hat ihr Vater etwas Gutes zu spoisen? Gesotten's oder Gebratens?

Arrogantia.

Eure Hoheit haben nur zu befehlen.

Casperl.

Ja ich bin gewohnt, daß man mir gehorcht. Gehorchen ist eine Tugend; aber horchen ist ein Laster. Verstanden? Sie Netterl!

Stultitia.

Ah, da kommt der Papa!

Casperl.

Papa, Pipi, Popo, Pupu, – freut mich ungemein. (Ritter Heinz tritt ein.)
(Casperl macht nach allen Seiten ungeheuere lebhafte Bücklinge, so daß er Arrogantia, Stultitia und den Ritter umstößt.)

Casperl.

O ich bitte recht sehr; habe die Ehre. (zu Heinz.) Sie sind also der Pupupipipapa dieser beiden Frauenzimmer.

Heinz.

Erhabener Prinz! trotz Ihres Incognitos sind Sie erkannt. Dieses Benehmen, dieser Ton, diese Hohheit, diese Herablassung!

Casperl.

Ich habe mich nicht herabgelassen, sondern ich bin in einem goldenen Hofwagen durch's Gartenthor hereingefahren.

Heinz.

O diese Gnade, diese Huld. –

Casperl.

Da muß ich bitten, Schulden hab' ich dermals koine! aber lassen wir das bei

Soite. Ich hoffe, daß die Tafel gudeckt ist. Gehen wir zum Spoisen. Haben Sie doch gutes Bier? Pschorr oder Spaden. Stellen Sie mir nur gleich drei Maß auf.

Stultitia.

O wie landesväterlich!

Heinz.

Und patriotisch!

Arrogantia.

Sonderbar – aber originell.

(Prinz Arnold und Astraleus haben schon einige Zeit gelauscht.)

Casperl.

Wenn es beliebt, so werde ich die beiden Fräulein eigenhändig unter die Arme nehmen und zum Dinö führen.

Arrogantia.

O entzückt!

Casperl.

Ja, verrückt, gebückt, gedrückt. –

Stultitia.

Beglückt – mein hoher Herr!

(Casperl, Heinz und die Töchter ab in's Schloß.)
Man hört einen Tusch blasen.
Prinz und Astraleus treten ein.

Prinz (lachend)

Vortrefflich! Eine hübsche Gesellschaft! Das scheinen mir zwei Närrinnen. Und der Vater eine Art Schafskopf!

Astraleus.

Ungefähr, und dabei sind die Mädchen herzlose Geschöpfe, die ihre Schwester mißhandeln.

Prinz.

Wie? hat der Ritter n o c h eine Tochter?

Astraleus.

Als alter Bettler verkleidet trat ich vor Kurzem, euch zu dienen, mein Prinz, ins Schloß. Grausam und höhnisch ward ich von den beiden Fräulein abgewiesen; allein ein liebes Mädchen, das unbeachtet, ja wie eine Magd, am Kamine saß, nahm mich auf und erwies mir das größte Mitleid.

Prinz.

Und dieses Mädchen wäre also die dritte Tochter des Ritters?

Astraleus.

Allerdings.

Prinz.

Nun so geh'n wir zu ihr.

Astraleus.

Noch ist es nicht an der Zeit. Laßt uns aber ins Schloß gehen. Casperl möge seine Rolle als Prinz fortspielen und den Ritter mit seinen Töchtern zu dem Feste laden, welches Ihr in euerm Schlosse geben sollt, um die Fräulein des Landes bei euch zu sehen und Euch eine auszulesen. Vor der Hand bleibt noch euer **Stallmeister**.

Prinz.

Gern – wie immer – folge ich eurem weisen Rathe, theurer Astraleus.

(Der Prinz ab in's Schloß.)

Astraleus (allein.)

Sie wird kommen; aber nicht den Magier soll sie in mir sehen, sondern nur den armen Sänger.

(verwandelt sich wieder in den alten Bettler mit der Laute.)
singt (Melodie, wie im I. Aufzug.)
Und wieder singt der Alte hier
Bei seiner Laute Klang,
Daß Ihr euch sein erbarmen mögt;
O höret den Gesang!

Er ist so arm, er singt so schlecht,
Weil er's nicht besser kann;
Doch weist ihn nicht von eurer Thür,
Den armen alten Mann!

(Aschenbrödel springt herein, ein Körbchen in der Hand.)

Aschenbrödel.
Was hör' ich da. Mein alter Freund, seid ihr wieder hier? hier vor der Thüre, durch die man euch lieblos hinausgewiesen.
Astraleus.
Wie du warst so liebreich mit mir. Du beschenktest mich; du ludst mich ein, mich zu dir an den warmen Kamin zu setzen.
Aschenbrödel.
Spottet nicht. Ich konnt euch ja nichts geben als ein schlecht Stückchen Brod.
Astraleus.
Das du dir selbst entzogst, um es mir zu schenken.
Aschenbrödel.
Ba, ba, ba! – Aber wartet jetzt ein Bischen. Im Schloße ist große Tafel für den Prinzen Arnold. Vielleicht kann ich Etwas für euch erwischen. Ich muß nur die Schnecken da, die ich zu suchen hatte, in die Küche tragen.
Astraleus.
Bleibe, liebes Kind. Dießmal habe ich dir Etwas zum Geschenke gebracht.
Aschenbrödel.
Ihr – mir?
Astraleus.
Da sieh: Nimm diese drei unscheinbaren Nüsse.
Aschenbrödel. (lacht.)
Danke schön. Ha, ha, ha! Nüsse?
Astraleus.
Es sind Zaubernüsse, deren geheime Kraft dir nützlich sein soll.
Aschenbrödel.
O ihr spottet meiner. Die Armuth will Zaubernüsse verschenken! Warum helft ihr euch nicht selber damit?
Astraleus (erhaben.)
Was der Nüße Zauber gewährt,
Ist nicht, was die Armuth begehrt,

Die nicht will treten aus stiller Nacht
An des hellen Tages Pracht.

Drum nimm nur du der Nüsse drei;
Sehn wirst du bald, wofür es sei:
Zur guten Stund und rechten Zeit
Ist dir des Zaubers Macht bereit.

Aschenbrödel.

Ich verstehe wohl nicht, was du sagst, doch ich will deine Gabe gern annehmen. Du scheinst mir aber kein Bettler zu sein; es ist mir, als ob du eine höhere Macht sei'st, die sich meiner annehmen will.

Astraleus.

Das wäre wohl möglich. Nimm die Nüße. So oft du deren E i n e in das Kaminfeuer wirfst, wird dein Wunsch in Erfüllung gehen. Jetzt leb' wohl!

(in feierlichen Tone.)

Ade, Ade, du liebes Kind,
Du Magd in Asch und Staub;
Wie ändert Manches sich geschwind,
Vertraue nur und glaub'.
An des Kamines Kohlengluth,
Da sitzest du allein,
Bald aber flammt wie Feuersfluth,
Dein Glück in hellem Schein.

(Ein blauer Schimmer umstrahlt Astraleus.)

Der Vorhang fällt.

Ende des II. Aufzuges.

III. Aufzug.

Zimmer auf Schloß Stolzenburg, wie im I. Aufzug. Nacht. Leuchter auf dem Tisch.

Ritter Heinz. Arrogantia. Stultitia. (Alle sehr geschmückt.) Aschenbrödel (am Kamin.)

Heinz.

Nun, Kinder, seid ihr zum Feste geschmückt?

Arrogantia.

Wir haben unsere schönsten Kleider an.

Stultitia.

Und allen Schmuck und alles Geschmeide.

Heinz.

Bravo! Ihr müßt Effect machen. Der Prinz verließ uns entzückt. Er war wie es mir schien, von euch enchantirt.

Arrogantia.

Welche von uns beiden wird er wohl zu seiner Gattin wählen?

Heinz.

Welche? Euch beide – würde er wählen, wenn es möglich wäre, daß er zwei Frauen nähme.

Arrogantia.

Mein edles vornehmes Benehmen schien ihn besonders anzusprechen.

Stultitia.

Meine bescheidene Anmuth war es, die ihm vor Allem gefiel.

Arrogantia.

Er nimmt mich!

Stultitia.

Er nimmt mich!

Heinz.

Ich glücklicher Vater! Vielleicht nimmt er auch mich und macht mich zu seinem Obersthofcavalier.

Aschenbrödel.

O nehmt mich doch auch mit zu dem Feste beim Prinzen.

Arrogantia. (mit höhnischem Gelächter.)

Dich, dich mitnehmen? Das Aschenbrödel, das wüste, dumme Ding!

Stultitia.

Du müßtest dich hübsch ausnehmen.

Aschenbrödel.

Gebt mir nur ein sauberes Kleidchen. Ich wäre, glaub' ich, nicht gar so häßlich.

Arrogantia.

Du Närrin! Dein Platz ist zu Hause.

Stultitia.

Dort am Kamin. Kannst in den Rauch schauen.

Arrogantia.

Und wenn wir spät Nachts vom Tanze heimkommen, sollst du uns eine warme Suppe bereit halten. Und laße Niemand ein!

Stultitia.

Und Niemand aus; hüt hübsch das Haus.

Aschenbrödel. (weint.)

Bin ich denn wirklich nur eure Magd und bin doch auch ein Kind eures Vaters!

Heinz.

Mädchen, es ist die höchste Zeit. Wir haben eine halbe Stunde zu fahren. Die Stunde schlägt.

Arrogantia.

Der Prinz wird uns längst erwarten.

Stultitia.
Komm Schwester! Aschenbrödel lösch die Lichter aus, kannst im Dunkeln sitzen. (Alle ab bis auf Aschenbrödel.)

    Aschenbrödel (allein.)
   (Es heult der Wind durch den Kamin.)
Da sind sie fort und lassen mich allein
Am ruß'gen Heerd beim Kohlenschein.
Es heult der Wind durch den Kamin,
Ach! wie so arm ich und verlaßen bin!
Der schöne Prinz! ei, wie gefiel er mir!
O säß er nur am stillen Orte hier.
Er ist so freundlich, ist so gut;
Wie gern wär' ich doch in seiner Hut.
(Der Wind rauscht durch den Kamin, das Kohlenfeuer flackert auf.)
O weh! Jetzt fürcht' ich mich beinah;
Du, liebe Mutter, wärest du mir nah!
      (weint. Pause.)

  Aschenbrödel (wie aus Träumen auffahrend.)
Potztausend schier hätt' ich nicht mehr gedacht',
Wer mir die Wundernüsse hat gebracht.
Ist's nur ein Scherz, ist's nur ein Spiel,
Es liegt mir dran nicht viel.
Ich werf die erste Nuß so klein
Hier in der Flamme hellen Schein.
Ich wünsche? – wünsche mir ein silbern Kleid
Und sonst noch alle Herrlichkeit,
Und einen schönen goldnen Wagen,
Der mich auch soll zum Feste tragen.

Leiser Donner. Das Feuer sprüht auf. Aschenbrödel wird in Rauchwolken gehüllt. Der Nebel fällt und sie steht in einem silbernem Kleidchen, goldenen Schuhen und blumenbekränzt da. Im Hintergrunde ein mit zwei Silberschwänen bespannter Wagen. Ein kleiner beflügelter Genius sitzt auf dem Bock. Zwei ähnliche Genien mit Schmetterligsflügeln als Diener neben dem Wagen.

     Gesang.

   Aschenbrödel klein
   Steig ein, steig ein
   Im Silberkleide
   Zur Lust und Freude!

Aschenbrödel.
O Wunder über Wunder,
Welch herrliche Zauberei!
Eine Nuß will ich noch verbrennen,
Daß Niemand mich soll erkennen.
Dieß ist die zweite Zaubernuß,
Die meinen Wunsch erfüllen muß.

Chor
(hinter der Szene.)
Aschenbrödel, wie bist du fein;
Sollst nicht mehr schwarz und rußig sein.
Drum kennen sie auch nicht
Dein holdes Angesicht.
Steig ein, steig ein,
Beim Fest zu sein.
Steig ein, es soll der Zauberwagen
Dich nun zu Glanz und Wonne tragen.

Aschenbrödel besteigt den Wagen, welcher fortschwebt unter Musik.

Verwandlung.

Erleuchtete Vorhalle im Schloße des Prinzen.

Zuweilen vernimmt man Tanzmusik aus Nebenräumen.

Casperl.
Schlipperment, jetzt bin ich wieder von meinem erhabenen Standpunkt herabgeplumpst! Gestern war ich noch Prinz, heut bin ich wieder Stallmeister. No – die werden aber dreinschauen! Der Herr Ritter und seine Tochter, wenn ich sie in meiner subordinirten Gestalt hier empfange; denn ich muß ja die *honneurs* machen.

Aber gestern wär' ich beinahe aus meiner Rolle heraus- und über'm Sessel 'nunter gfall'n. Meine angeborne Gewohnheit, meine besondere Vorliebe für Flüssigkeiten haben mir eine kleine Betäubung veranlaßt, aus der ich erst hier erwacht bin. (Trompetenstoß.)

Aha, das ist das Zeichen. Da kommen wieder Gäste. Die Andern tanzen schon, daß 's staubt, da drinnen.

Ritter Heinz tritt mit Arrogantia und Stultitia ein.

Casperl (mit Reverenzen.)

Hab die Ehre, hab die Ehre! Freut mich ungemein!

Heinz (unter Bücklingen.)

Mein hoher Prinz! Wir sind Ihrer gnädigen, huldreichen Einladung gefolgt.

Arrogantia.

Wir schmeicheln uns!

Stultitia.

Wir erfreuen uns!

Casperl.

O sehr, sehr! Auch wir schmoicheln uns. Sie schmoicheln, wir schmoicheln, ich schmoichle, du schmoichelst, er schmoichelt, Alle schmoicheln und so kommen wir aus der Schmoichelei gar nicht hinaus.

Arrogantia.

Wie sinnig!

Stultitia.

Wie graciös!

Casperl.

Ich habe gestern l o i d e r etwas zu viel in das Glas geguckt. Verzeih'n Sie, meine Damen; Ihre Reize haben mich wohl betuibt.

Arrogantia.

Euer Hoheit sollen sich dem Vergnügen ganz hingeben.

Casperl.

O, ich will nicht hoffen, auch ü b e r g e b e n .

Stultitia.

O nein! Auch in Ihrer Betäubung waren Sie höchst liebenswürdig.

Heinz.

In der That, charmant.

Casperl.

Bitte, bitte! – Jetzt aber muß ich Ihnen eine Declination machen.

Heinz.

Eine Declaration?? (bei Seite zu seinen Nachbarn) Der Augenblick ist da! Jetzt wird er sich für Eine von Euch erklären. (laut zu Casperl) Euer Hoheit belieben uns?

Casperl.

Nix Hoheit! Ich bin nicht der Prinz, sondern sein Stallmeister Casperl Larifari.

Arrogantia und Stultitia.

Wie?! ist's möglich?

Heinz.

Also eine Täuschung?

Casperl.

Der Prinz wollte Kniknognito sein und ich mußte ihn nur vorstellen.

Arrogantia.

Eine schöne Vorstellung das! Schmählich!

Stultitia.

Und wir konnten uns täuschen lassen.

Heinz.

Durch dieses ordinäre Subjekt da?

Casperl.

Subjekt oder Objekt. Paßen's auf, meine Herrschaften, da kommt der wirkliche Prinz.
(Die Flügelthüren öffnen sich. Prinz Arnold tritt ein.)

Prinz.

Meine schönen Damen, willkommen! Verzeih'n Sie mir den kleinen Scherz, den ich mir gestern erlaubte. Er war mit gewissen Zwecken verbunden. Noch einmal: Herr Ritter, edle Fräulein! willkommen.
Heinz und die Töchter machen ungeheure Complimente.

Heinz.

Durchlauchtigster Prinz!

Arrogantia.

Erhabenster!

Stultitia.

Allergnädigster!

Prinz.

Es war mir von hohem Interesse, ungekannt Ihre Bekanntschaft gemacht zu haben. Aber nun lassen Sie uns in den Tanzsaal treten.

Arrogantia.

Er ist himmlisch!

Stultitia.

Ein göttlicher Adonis!

Prinz führt die Töchter ab. Ritter Heinz bleibt mit Casperl zurück.

Heinz.

Er ist also Stallmeister des Prinzen?

Casperl.

Er ist Stallmeister des Prinzen und Vertrauter, verstanden?

Heinz.

Ich glaube, daß diese »Vertraulichkeit« keine sehr intime sein dürfte mit einem so ordinären Individuum.

Casperl.

Individium? dumm, oder viehdumm könnte auf andere Personen vielleicht eher bezogen werden. Verstehn Sie mich?

Heinz.

Wie? mir so Etwas? mir, dem Ritter Heinz von Stolzenburg?

Casperl.

Mit der Stolzenburg ist's auch nicht weit her. Das war ja ein miserables Essen bei Ihnen. Nicht einmal Bratwürst! Von einem »Schweinernen« gar keine Rede! Ja – Schnecken in der sauern Brüh. Schnecken! die krieg' ich ja in jedem Peischl. Das ist eine miserable Wirthschaft bei Ihnen.

Heinz.

Impertinent! Wäre Er meines Standes, so würde ich ohneweiters den Degen ziehen.

Casperl.

Ich habe keinen Degen, also kann ich keinen ziehen; aber eine Antwort kann ich auch ohne Degen geben. (gibt ihm eine Ohrfeige.)

Heinz.

Unverschämter! das ist zu arg! ein Stallmeister des Prinzen ein solches Benehmen. (schlägt den Casperl.)

Casperl.

Schlag auf Schlag! So ist's recht. Pumps dich!

Heinz.

Infamer Bursche!
(Unter Geschrei und Prüglerei gehen beide ab.)
Aschenbrödel eilt herein. Ihr folgt der Prinz.

Prinz.

Wer bist du reizendes Wesen?

Aschenbrödel.

Ein armes Kind.

Prinz.

Du – die Königin des Festes?

Aschenbrödel.

Laßt mich! hier ist nicht meines Bleibens.

Prinz.

Warum fliehst du! Es ist mir, als ob du mir nicht unbekannt seiest. Ein Traum schwebt mir vor.

Aschenbrödel.

Ist nicht Alles ein Traum in diesem Leben?

Prinz.

Aber es gibt so schöne Träume, daß man sie für immer festhalten möchte.

Aschenbrödel.

Träume sind Schäume. Ich muß fort.

Prinz.
O bleibe, laß dich festhalten.

Aschenbrödel.
Es kann nicht sein. Ich bin nur ein Wandelstern.

Prinz.
Nimmermehr! Du mußt mein Eigen werden.

Aschenbrödel.
Unmöglich! zum Glücke bin ich nicht bestimmt. Lebt wohl!

Prinz.
Halt! Halt! Verlaß mich nicht.

Aschenbrödel.
Lebt wohl! (verschwindet.)

Prinz.
Weh mir! Ist mir wirklich nur ein Traumbild erschienen? Nein, sie war's, die ich im Wald gesehen. Ihr nach! (will ihr nach.)

Astraleus (ihm in den Weg tretend.)
Halt, mein Prinz! vergebens strebt Ihr, die Erscheinung festzuhalten.

Prinz.
Wie? vergebens? soll mein Ideal mir verloren sein? Allenthalben soll man sie suchen.

Astraleus.
War es nicht blos ein Stern, der euch geblendet?

Prinz.
Mein Glücksstern war es. Ich laße nicht von ihm. Er bleibt der Glanzpunkt meines Lebens. Ich schwöre es!

Casperl (tritt ein, einen goldenen Schuh in der Hand.)
Da ist eben ein wunderschönes, silbernes Frauenzimmer die Stiegen hinunter geloffen, eigentlich mehr geflogen und verschwunden. Im Hinunterlaufen muß dasselbige silberne Wesen den goldenen Schuh da verloren haben.

Aber so ein kleines Füßl hab ich noch nicht gesehen und ich hab doch schon manches Pedal beobachtet.

Prinz.

Auf! Auf! Sucht sie überall! beeilt euch! fort! Der reizende goldene Schuh wird sie entdecken helfen. Sucht überall! (eilt hinaus, Casperl folgt ihm.)

Astraleus.

Wohlan! nun mögen sie sich finden,
Des Glückes-Bund soll sie verbinden!
E r glüht in Flammen hellauf wie die Sonne,
S i e leuchtet still, ein Sternlein süßer Wonne.

Der Vorhang fällt.

Ende des III. Aufzugs.

———

IV. Aufzug.

Das Innere einer Stadt.

Casperl tritt unter Trompetenstoß als Herold auf, den goldenen Schuh auf einer Bannerstange.

Casperl zum Publikum gewendet.

Ihr holden Fräulein von Stadt und Land,
Seht diesen Schuh, den Casperl fand!
Ein goldnes Schühlein, so klein und fein.
Ihr Alle, die ihr da unten sitzt,
Seht, wie das goldene Schühchen blitzt!
Ich muß euch nun incommodiren,
Um diesen Schuh anzuprobiren;
Denn, paßt er Einer an den Fuß –
Ein Glück, das ich gleich melden muß
Dem Publikum als Vorfall laut –
Wird d i e s e Prinzen Arnolds Braut!

Ihr schweiget still? – ha! fürchterlich.
Daß auch nicht E i n e meldet sich.
Ist dieser Schuh etwa zu klein?
Und findet sich kein Fuß hinein? –
– – – – – –

Gut! So muß ich mich retiriren
Und anderswo den Schuh probiren.
(Unter Reverenzen ab.)

Verwandlung.

Zimmer mit Kamin bei Ritter Heinz, wie im ersten Aufzuge. Nacht.
Aschenbrödel sitzt am Kamin.

Aschenbrödel.

O weh! jetzt sitz' ich wieder am Kamin
Und alle Freude ist dahin.
Wie herrlich war's in des Prinzen Haus –
Doch hielt vor Angst ich's nicht lang aus.
's ward mir ja ganz bange, anzuschauen
Die vielen Ritter, die schönen Frauen,
Das Gewirr und die Musik in den Ohren,
Beinah' hätt ich den Kopf verloren.
Da lief ich davon –
Doch kaum entfloh'n,
Folgt' mir der Prinz schon nach;
Kaum weiß ich noch, was er mir sprach! –
Entzaubert aller Herrlichkeit,
Sitz ich hier wieder in Traurigkeit,
Mein silbern Gewand fiel von mir ab,
Da bin ich wieder ohne alle Hab'.
Doch wie? was blinkt an meinem Fuß –
Der schon geschwärzt von Asch' und Ruß?
Ein goldener Schuh! – der blieb mir noch.
Den Andern hab ich verloren doch.
(Draußen Lärm und Schritte.)
Die Schwestern kommen, nun schnell versteckt
Den Schuh! Den Fuß unter's Kleid gesteckt;
Wüßt wahrlich nicht, was mir geschäh',
Wenn Eine von ihnen das Schühlein säh.
(Ritter Heinz, Arrogantia und Stultitia treten erschöpft ein.)

Stultitia.

Schwester! Das war schön.

Arrogantia.

Und der Prinz, wie liebenswürdig!

Heinz.

Allein, trotzdem; es scheint, daß er noch nichts dergleichen gethan, Eine von Euch als seine Braut zu wählen.

Arrogantia.

Er war allzusehr mit einer unbekannten Person in silbernem Kleide beschäftigt, die ihn interessirt hat.

Stultitia.

Eine Landläuferin oder Commödiantin vermuthlich: denn keine Seele hat sie gekannt.

Arrogantia.

Auch ist sie ja bald wieder von dem Feste verschwunden.

Heinz.

Und was war denn das noch für ein Halloh mit einem goldenen Schuh? Alle anwesenden Fräulein wurden gebeten, ihn anzuprobiren.

Stultitia.

Eine fixe Idee des Prinzen.

Arrogantia.

Es muß ein Kinderschuh gewesen sein. Mir war er zu eng; und ich habe doch ein nettes, kleines Füßchen.

Stultitia.

Ich vermochte auch nicht meinen hübschen Fuß hineinzuzwängen.

Heinz.

Tolles Zeug! aber Kinder, laßt uns zu Bette gehen. Ich mochte nur mehr vorher ein Täßchen warme Suppe.

Arrogantia.

Wir auch. Aschenbrödel! wo steckst du?

Stultitia.

Da ist sie eingeschlafen und kauert am Kamine. (schlägt Aschenbrödel.) Wach auf, Faullenzerin.

Aschenbrödel.

O weh! warum schlägst du mich?

Stultitia.

Wo ist die Suppe, die wir bestellt haben?

Arrogantia.

Etwa gar vergessen? Mach vorwärts!

Aschenbrödel.

Ach, verzeiht:
Ich sag' es unverholen:
Der Topf fiel in die Kohlen.

Arrogantia.

Dummes Ding! so spute dich. Einstweilen können wir uns entkleiden.

Heinz.

Und ich will mich meines Staatsrockes entledigen und meinen Schlafrock anziehen.
(Heinz und die beiden Töchter ab.)

Aschenbrödel (allein.)

Sie schmähen mich,
Sie schlagen mich!
Kaum kann' ich's mehr ertragen,
Mein Gott, ich darf wohl klagen.
So komm denn, liebe letzte Nuß,
Mach, daß mein Kummer enden muß.
Wie bist du mir so theuer!
Ich werfe dich in's Feuer.
(sie thut es.)
(Astraleus erscheint in Magiertracht.)

Astraleus.

Gerufen hast du mich. In Zaubers Macht
Schweb ich herbei, nun ist's vollbracht.

So viel hast du gelitten und gestritten
Mit Schmerz und Noth, daß die Geduld
Für dich erbat des Himmels Huld.
Den Staub der Asche und aller Ruß
Von dir auf immer fallen muß;
Dein grau Gewand sei umgetauscht
In's Brautkleid, das dich bald umrauscht;
Tritt ein nun in den Blüthengarten,
Wo Glück und Freude deiner warten!

Verwandlung.

Ein prächtiger blüthen- und blumenreicher Garten in rosiger Morgenbeleuchtung, Aschenbrödel liegt halbschlummernd auf einem Rosenhügel. Tauben flattern, hin und her. Tanzende Genien umgeben sie.

Chor weiblicher Stimmen.

Holdes Spiel der Zauberei,
Aller Jammer ist vorbei.
Der goldene Schuh an deinem Fuß,
Er ist's, der dich erlösen muß.
Holdes Spiel der Zauberei
Führet gutes End' herbei.

(Astraleus führt den Prinzen ein. Casperl den Schuh auf der Stange.)

Astraleus.

Hier schlummert süß das holde Kind;
Mein Prinz! dahin nun eil' geschwind.
Was du begehrt,
Ist dir bescheert.

Prinz.

Ja, da liegt sie mit dem goldenen Schuh am Füßchen. Sie ist 's! Sie ist 's!

(eilt auf Aschenbrödel zu und hebt sie sanft auf.)

Aschenbrödel.

Wo bin ich? wo bin ich?
Was thu' ich? was sinn' ich?

Prinz.

Du bist bei mir.
Ich bin bei Dir;
Du liebe Braut, umarme mich;
Du wirst mein Weib herzinniglich!

Aschenbrödel.

So willst Du's häßliche Aschenbrödel doch?
Bin ich's nicht mehr? oder bin ich's noch?

Prinz.

Du bist nicht Aschenbrödel mehr,
Da ich Dich zu meinem Weib begehr'.

(Führt sie in die Mitte der Bühne. Aschenbrödels Mutter erscheint oben in Wolken.)

Astraleus.

Vernehmt es Alle: der Prinz Arnold
Vermählet sich mit Aschenbrödel hold.
Wer muthig aushält in Traurigkeit,
Den grüßt doch einmal Glückseligkeit.
Und nun ist auch das Märchen aus,
Möcht's euch gefallen. Jetzt geht nach Haus!

Der Vorhang fällt.

Ende.

———

Der artesische Brunnen
oder
Casperl bei den Leuwutschen.

Patriotisch-musikalisches Drama in 3 Auf- und Zuzügen.

Personen.

Stopselberger, Gastwirth zum »rothen Rößl«.
Nanni, dessen Tochter.
Hans, Lenzelsbauernsohn.
Dr. Zwiebelmaier, Gelehrter und Professor.
Casperl Larifari, } in Stopselbergers Diensten.
Hiesl,
Nachtwächter.
Dorfbewohner.
Schluwi, Häuptling der Leuwutschen, ⎫
Milipi, seine Tochter.
Halamilari, Staatsrath und Adjutant, ⎬ Patagonier.
Eingeborne Leuwutschen,
Sklaven.
Ein Leuwutschenteufel, ⎭

Das Drama spielt theils in einem süddeutschen Dorfe, theils in Patagonien, Provinz Leuwutschen.

I. Aufzug.

Wirthsstube. Morgen.

Casperl liegt schlafend auf der Ofenbank. Nanni tritt aus einer Seitenthüre ein, ordnet und schafft in der Stube ohne Casperl zu bemerken.

Nanni.

Seit die selige Mutter gestorben ist, hab' ich gar keine Ruh mehr. Ordentliche Kellnerinnen sind rar, und die unsrige sitzt auch lieber in der Kuchl bei die Knödl, als daß sie die Schenkstuben sauber hält. Wenn mich der Vater nur mein Hansl heirathen ließ! Wir könnten d' Wirthschaft übernehmen und der Vater könnt sich Ruh gönnen. Wir wollten ihn gewiß gut halten. Aber es ist ein Kreuz und ein wahr's Herzenleid, daß er mir den Hansl net leiden will, und ist doch so a braver Bursch. Geld hat er freilich z'wenig und der Vater möcht halt höher naus und ich sollt ein reichen Burschen nehmen. Aber wenn's Gott will, kommen wir doch zusammen und an andern als 'n Hansl nimm i nit, dabei bleibts. (Man pocht am Fenster.)
Was gibt's? Wer ist drauß?

Hansl (schaut herein).

Mach auf, ich bin's.

Nanni.

Ei du bist's! – Grüß Gott! Komm nur a bißl in d'Stuben rein; der Vater liegt ja noch im Bett wegen seines Rheumatismus an der großen Zehe. (es öffnet sich die Mittelthüre.)

Hansl (mit einen Rechen in der Hand.)

Da bin i, Herzensschatz. Ich hab' mir denkt, weil i grad zum Eingrasen vorbeigeh; ich muß doch a bißl 'reinschau'n.

Nanni.

Des war einmal a gscheiter Gedanken – und du weißt ja, dem Vatern kommst nie g'legen, dem wär's am liebsten, daß wir zwei gar nit zsamkämen.

Hansl.

Freilich weiß ich's; aber wir bleiben deßwegen d o c h beinand. Gelt, Nanni! ich mein's redlich und du bist auch brav; da kann kein Mensch was entgegen haben, und unser Herrgott wird uns schon helfen, daß wir doch einmal mitanand hausen.

Nanni.

O mein Hansl! vor der Hand ist wenig Aussicht da. Ja, wenn du nur a bißl mehr Geld hättst, nachher hätt der Vater gwiß nix entgegen, aber so spitzt er auf den reichen Hofbauernsohn mit seine 20,000 Gulden.

Hansl.

Was ist's denn ums Geld, wenn man sich nit mag? Und der Fleiß, der ist doch oft mehr werth, als der Reichthum.

Nanni.

Der Vater meint halt: s'Geld und der Fleiß beisammen wär noch besser und der Hofbauer-Michl wär auch a braver Bursch.

Hansl.

Da steht's freilich schlecht mit uns; aber halts nur aus, Nanni!

Nanni.

Darauf kannst's rechnen, das ich dir treu bleib und kein' Andern nimm; lieber geh ich in's Kloster zu den Salesianerinnen.

Hansl.

Nein! nein! d a s dürft nit gschehn!

Casperl (plumpst von der Ofenbank auf den Boden herab.)

Hopsa! jetzt bin i aufgwacht!

Nanni.

Bist du auch wieder da, Casperl? Und richtig, auf der Ofenbank gschlafen! Schäm dich! bist jetzt die ganze Nacht wieder da heraußen glegen und net in deiner Stuben?

Casperl (gähnend und sich reckend.)

Es ist ja ganz einerlei, wo und wie und warum der Mensch liegt; wenn er überhaupt nur liegt, da bekanntlich und auch nach ärztlicher Anordnung das Liegen sowohl dem Kranken, wie auch dem Gesunden eine äußerst gesunde und vortheilhafte Bewegung oder vielmehr L a g e ist. Übrigens kann es der Jungfer Nanni ganz einerlei sein, w o und w i e ich liege; denn gelegen ist gelegen und Gelegenheit ist Gelegenheit, wie ich eben bemerke, weil der Hansl schon in Allerfruh da ist.

Nanni.

Halt's Maul mit dem G'schwätz! In der Zechstuben soll Niemand schlafen; drum hat jeder Dienstbot sein Kammer. Verstanden? Vermuthlich hast gestern Abends wieder zu viel ghabt und bist gleich auf der Ofenbank eingschlafen.

Casperl.

Und ich sag': in der Zechstuben soll nit in Allerfruh schon ein Dechtlmechtl aufgeführt werden, während der Herr Wirth noch in seinem Federbett liegt.

Hansl.

Im Vorbeigeh'n kann man immer ein bißl zusprechen. Das ist auch keine Sünd.

Casperl.

O, sprechen Sie nur zu, Moßiö Hansl! Meinerseits leg ich Ihnen nichts vor die Hausthür.

Nanni.

Jetzt sei a mal still. Geh' naus in die Kuchl; da steht schon deine Milchsuppen.

Casperl.

Und immer die Milchsuppen! Als ich noch im Flügelkleide war, pflegte ich Kaffee zu frühstücken.

Nanni.

Und im »Flegelkleide« ist grad a Milchsuppen für Dich recht.

Casperl.

Dieser Witz ist nicht schlecht. Also Milchsuppen! Ich gehe. (ab.)

Hansl.

Und ich geh auch, Nanni. S' is hohe Zeit, daß ich eingras' für's Vieh. Bhüt dich Gott!

Nanni.

So geh halt. Vielleicht kommst heut Abend auf a Halbi. Geh, komm!

Hansl.

Wenn's möglich ist – gwiß! Adies. (ab.)

Nanni (allein.)

Wirth (ruft zur Seitenthüre herein, in der Schlafmütze.)
Nannl! wie viel Uhr ist's, meine Uhr ist steh'n blieben.

Nanni.

Sechs Uhr. Gut'n Morgen, Vater!

Wirth.

Herrgott, hab ich mich verschlafen! Aber meine Zeh hat mich auch so zwickt. (zieht sich zurück.)

Casperl (ruft zur Thür herein.)
Nannl! – Nannl! Jetzt hab ich mich am Brunnen waschen wollen und er lauft schon wieder nit.

Nanni.

Nun – das weißt ja, daß das Wasser schon drei Tag ausbleibt. Es muß am Gumper fehlen.

Casperl (tritt ein).

Das ist eine verflixte Gschicht! Müssen wir drei Tag lang schon unser Wasser beim Müller holen! Mir ist's recht; ich muß mich halt an's Bier halten.

Nanni.

Das gschieht ohnedem.

Casperl.

Man muß sich den Verhältnissen und den Umständen fügen. Von mir aus kann der Brunnen laufen oder kann nicht laufen. Ich kann mich halt nicht waschen.

Nanni.

Deine Gurgel, scheint's, kann'st aber doch waschen, und ein ungewaschenes Maul hast ohnedem immer.

Casperl.
Das ist meine Sache, Mamsell Nanni. Gewaschen ist gewaschen.

Wirth (tritt ein.)
Das ist aber doch eine Malefizgschicht. Hab mir ein Glas Wasser pumpen wollen – und hat der Brunnen wieder kein Wasser geben. Jetzt müssen wir's Wasser schon drei Tag für's Vieh holen, für uns holen! Warum habt's 'n Veitl den Brunnenmacher noch net gholt? Ich hab's schon gestern Früh angschafft.

Casperl.
Der Veitl, der Brunnenmacher, hat sich den Fuß brochen und es muß wo anders fehlen. Seit gestern ist's Wasser beim Nachbar auch ausgeblieben. Das macht das trockene Jahr und ist eine Straf Gottes, wie der Herr Pfarrer am vorigen Sonntag gepredigt hat, weil die Wirth so viel Wasser in's Bier schütten – –

Wirth.
Daß dich der – – kurz und gut: Wasser muß her!

Terzett.

Casperl. Der Brunnen gibt kein Wasser mehr.

Wirth. Und ich sag: Wasser, Wasser her!

Nanni. Die Zuber stehen alle leer.

Zu drei:
{ **Casperl.** Kein Wasser mehr!
{ **Wirth.** Nur Wasser her!
{ **Nanni.** Die Zuber leer!

fugato:
{ **Casperl.** Mehr, mehr, mehr!
{ **Wirth.** Her, her, her!
{ **Nanni.** Leer, leer, leer!

Zu Drei: Wir haben halt kein Wasser mehr.

(Professor Zwiebelmaier mit einer ungeheuren Schlafmütze tritt gravitätisch ein.)

Zwiebelmaier (singt.)
Gerad steig' ich aus meinem Bette,
Und höre hier schon ein Terzette,

Wie kömmt's, daß Ihr in aller Frühe
Schon brüllet wie im Stall die Kühe.

Wirth.

Ei, guten Morgen Herr Professor?

Nanni.

Sind Sie auch so schon früh auf?

Casperl.

Ich hab Ihnen die Stiefel noch nicht geputzt.

Zwiebelmaier.

Einerlei! ich habe den schönen Morgen genießen wollen und meine meterologischen Beobachtungen fortsetzen, welche ich gestern begonnen habe.

Casperl.

Was sind denn das für Beobachtungen, die metreologischen G'schichten da?

Zwiebelmaier.

Wißt ihr denn nicht, daß ich seit 8 Jahren diesen ländlichen Wohnsitz bezogen, um den Druck der Atmosphäre zu berechnen und den Thermometerstand mit der Barometerhöhe differentialisch zu berechnen.

Casperl.

Donnerwetter, das ist mir zu hoch! Dem Kronomether mit dem Druck athmosphärisch, indifferentialisch – – –

Zwiebelmaier.

Still! entweihe die Wissenschaft nicht. Guten Morgen, liebes Annchen, wollen Sie mir nicht ein frisches Glas Wasser vom Brunnen holen?

Casperl.

Hat ihn schon!

Nanni.

Ja, mein Gott! der Brunnen – – – der Brunnen.

Zwiebelmaier.

Der Brunnen – was ist's mit dem Brunnen?

Wirth.

Ja, denken 'S: die Fatalität! mein Brunnen gibt kein Wasser mehr, beim Nachbarn ist's auch ausblieben –

Casperl.

Und, wie mir der Nachtwachter gsagt hat, greift die Trockenheit um sich, bald wird das ganze Dorf kein Wasser haben. Es muß eine unterirdische Revolution ausgebrochen sein.

Zwiebelmaier.

Wie ist es möglich? Allerdings war das ganze Jahr über bisher sehr trocken und es mag sein, daß die Capillarität der Erde etwa nicht genug Aufnahmsstoff hat, weil die gehörige Feuchtigkeit des Niederschlags gefehlt hat, oder nicht hinlänglich war.

Casperl.

Das ist sehr verständlich, zum Beispiel: Wenn Einer Durst hat und geht mit dem Maßkrug an ein Faß, um sich Bier zu holen, das Faß lauft aber nicht, so ist das ein sicheres Zeichen, daß nix drinn ist. Gerade so ist's jetzt: Wenn in der Erde unten kein Wasser ist, so lauft halt keines 'rauf und man muß sich ganz und gar an's Bier halten.

Wirth.

Dumm's Gschwatz! A Wasser braucht man doch; und was thut man denn mit'm Vieh? Dem wird man doch kein Bier geben?

Casperl.

O nein! Es gibt nit die wenigsten Viecher, die nur Bier trinken, z. B. der Gmeindvorsteher oder Gutsverwalter –

Wirth.

Halt's Maul! Du verstehst nix.

(hinter der Scene: ungeheures Gebrüll der Ochsen und Kühe und Lärm aller Art.)

Hiesl (Knecht) stürzt herein:

Helft's, helft's! Alles Vieh ist los vor lauter Durst! Seit gestern hat's kein Wasser mehr kriegt. Jetzt ist Alles wie narrisch und hat sich von die Ketten losgmacht.

Wirth.

Um Gotteswillen! 'naus, 'naus! Helfts z'sammen, daß wir's wieder anhängen.

(Alle eilen hinaus bis auf Zwiebelmaier und Nanni.)

Nanni.

O mein, o mein, Herr Professor? Daß ist schon a Malhör, wenn's Vieh sich los macht! Ich trau mir gar nit 'naus. Ich fürcht den schwarzen Stier; der ist gar so wild und stürzt Einen gleich um.

Zwiebelmaier.

Sie haben recht, liebe Nanni. Man soll sich unnützermassen keiner Gefahr aussetzen, um nicht etwa unvorsichtigermassen in ein Unglück zu gerathen.

Nanni.

Ich bin ohnedieß schon unglücklich, ich brauch kein bösen Stier mehr dazu.

Zwiebelmaier.

Wie? Sie sind unglücklich? Ich wohne doch zu meinen naturhistorischen Forschungen schon vierzehn Tage bei Ihnen, und habe nichts von Ihrem Unglück bemerkt.

Nanni.

Das hätten S' doch bemerken können, daß ich und der Lenzelbauernhans uns einand gern haben?

Zwiebelmaier.

Jawohl; aber das sich Gernhaben ist ja doch kein Unglück?

Nanni.

Unter gewissen Umständen aber doch ein Unglück: wenn nichts draus wird.

Zwiebelmaier.

»Nichts draus wird?« – dieß scheint mir so viel zu bedeuten, als ob Ihrer ehelichen Verbindung ein Hinderniß entgegenstünde.

Nanni.

Ja freilich, der Vater mag nicht, weil der Lenzl nicht gnug Geld hat und weil der Vater für mich den reichen Hofbauernssohn möcht.

Zwiebelmaier.

Ei, ei, ei, das ist freilich eine böse Geschichte (besinnt sich) Hm, hm, hm! – Da sollte man dem Lenzl Geld verschaffen können. Das wäre wohl das beste Mittel, dem Unglück abzuhelfen.

Nanni.

Ja, wenn der Lenzl Geld hätt, da wär's dem Vater schon recht; denn gegen den Burschen hat er weiter nichts einzuwenden.

Zwiebelmaier.

Holla! mir kömmt ein trefflicher Gedanke. Wenn die Ausführung gelänge, so wäre Ihnen geholfen. Wissen Sie was, Nannchen? Sorgen Sie, daß ich sobald als möglich Ihren Geliebten sprechen kann.

Nanni.

Das ist leicht möglich; denn er mäht Klee gleich da draußen.

Zwiebelmaier.

So kommen Sie; zeigen Sie mir den Ort. Ich will zu Lenzl gehen.

Nanni.

Recht gern. (Beide ab.)

Casperl (tritt mit großen Schritten ein.)

So, jetzt wär' Alles wieder in Richtigkeit. Das Vieh ist wieder angekettet und mit einigem sanften Prügeln beruhigt. Leider kann man's nicht überall so machen; denn die Menschen benehmen sich auch oft wie närrisch und so lange die Welt steht und so lang's Menschen gibt, hört auch der Unsinn nicht auf. Da könnt man was erzählen!

Lied.

Geht man ein wenig nur herum,
So findet man gar Vieles dumm;
Die Thiere sind nicht blos im Stall,
Vielmehr auf Erden überall.
{ Hm, hm, hm, hm, hm, hm, hm,
 Das ist halt so ein gewisser Fall!

Oft meint der Ein', er sei gescheit,
Wenn er am Gelde sich erfreut,

Er sperrt es ein für sich allein,
Gibt Keinem nur ein Kreuzerlein!
{ Hm, hm, hm, hm, etc.
Was mag ein Solcher denn wohl sein?

Ein Anderer lebt in Saus und Braus
Und wirft das Geld nur so hinaus
Für Nichts und wieder Nichts, bis er
Als armer Schlucker geht einher.
{ Hm, hm, hm, etc.
Ich frage Sie, wer ist denn der?

Ein Fräulein putzt sich früh und spät
Und spreizt sich, wo sie geht und steht,
Dabei kriegt sie ein altes Gsicht,
Was schon die ganze Stadt bespricht.
{ Hm, hm, hm, etc.
Das ist halt auch so eine Gschicht.

Die Kindergärten sind nicht schlecht,
Für g'wiße Frauen grade recht;
»Was soll'n die Frazen mich genir'n,
»Ich geh' lieber allein spazier'n.«
Hm, hm, hm, etc.
Ich will nicht weiter kritisir'n,
{ Hm, hm, hm, etc.
Sonst könnt ich mich compromittiren.

Macht sein Compliment und geht patetisch ab, während der Vorhang langsam fällt.

II. Aufzug.

Dorf. Das Wirthshaus zum »rothen Rößl« von Außen. In der Mitte der Szene die Zurichtung eines artesischen Brunnens. Aufgeworfene Erdhaufen und Schutt, Leitern, Stangen etc., ein großer Erdbohrer steht in der Mitte gerade in die Höhe etc.

Hans. Professor Zwiebelmaier.

Zwiebelmaier.

Nun, mein lieber Hansl, denk ich, soll es nach meiner mathematischen Berechnung nicht mehr lange dauern, daß wir den Erdboden in solcher Tiefe durchbohrt haben, daß das Wasser nicht mehr ausbleiben kann. Noch überall hat man mit dem sogenannten artesischen Brunnen seinen Zweck erreicht.

Hansl.

Ja, ich bin Ihnen recht dankbar, daß Sie mich zum Gehülfen und Famulus genommen und den Wirth die Bedingniß gesetzt haben, daß er mir die Nanni geben muß, wenn's Wasser da ist –

Zwiebelmaier.

Allerdings, so ist es; da muß es dabei bleiben.

Hansl.

Aber, aber – jetzt bohren und graben wir schon 14 Tag den artesischen Brunnen und es laßt sich halt kein Wasser sehen. Das dauert endlich dem Wirth zu lang, denn Kosten hat er auch dabei, und zuletzt muß das ganze Dorf verdursten, denn es wird halt zu arg, daß man alles Wasser für Mensch und Vieh anderthalb Stunden weit herfahren muß! Es ist was schreckliches um so eine Wassernoth!

Zwiebelmaier.

Geduld, Geduld! die Wissenschaft täuscht und trügt niemals. – Ah, da kommt der Wirth selbst.

Wirth (tritt aus dem Wirthshaus.)

Meinen Respekt, Gnaden Herr Professor.

Zwiebelmaier.
Guten Morgen, Herr Gastgeber.
Wirth.
Da haben wir halt noch die alte Bescheerung! Alleweil graben, alleweil bohren – –
Zwiebelmaier.
Nur kein Bedenken! Wir kommen baldigst auf ein Resultat, wir m ü s s e n! es kann nicht anders sein. Hören Sie: wenn wir noch eine Röhre an setzen, die ich vom Klempner erwarte – wird der Brunnen springen.
Wirth.
Verzeihn' S, Herr Professor; aber ich hab mir schon genug springen lassen und wenn's Wasser nicht bald springt, – – –
Zwiebelmaier.
Hören Sie nur: ich bin bereits an der Erdschichte angelangt, wo das chaotische Fluidum vulkanischer Confusion sich mit dem Amalgam der Wasserregion verbunden zu haben scheint; der Mischungsbrei hat sich gezeigt, die Capillarröhren haben sich geöffnet.
Wirth.
Da versteh' ich den blauen Teufel davon; ich möcht einmal, daß ein End herschaut.
Zwiebelmaier.
Dieses Ende ist nahe. Der gute Hans leistet Unglaubliches bei der Sache und seiner rastlosen Thätigkeit haben wir, was die mechanische Wirkung anbelangt, das Meiste zu danken und an meinen Berechnungen kann es nicht fehlen.
Wirth.
Ich weiß schon, wo das wieder hinaus will. Es bleibt dabei. Ist das Wasser da – so kriegt der Hansl meine Nanni; denn, wenn's so ist, wie Sie g'sagt haben, so ist mir der Brunnen mehr als tausend Gulden werth. Punktum!
Zwiebelmaier.
Wie gesagt: ein solcher artesischer Brunnen versiegt n i e und liefert in einer Sekunde mindestens 50 Eimer Wasser. Sie können damit nicht nur Ihre Bedürfnisse, sondern das ganze Dorf versehen und sich noch eine Mühle

oder eine durch Wasser getriebene Dreschmaschine – kurz: Was sie immer wollen, anlegen.

Wirth.

Nur nicht gar zu V i e l versprochen, Herr Prosessor; vor der Hand hab' ich nur einen blauen Dunst, aber kein Tropfen Wasser.

Hans.

Aha! da kommt schon die Röhre zum Einsetzen.
<small>(Casperl und Knecht Hiesl tragen eine Röhre herein.)</small>

Zwiebelmaier.

Gut, sehr gut! Nun die Röhre hinabgesenkt, den Bohrer etwas gehoben!
<small>(Es geschieht nach Anordnung.) (Casperl krabbelt an den Bohrer hinauf, setzt sich auf dessen Querstange.)</small>

Casperl.

So, jetzt können wir wieder bohren. Mir geht's schon ganz feucht von unten herauf.
<small>Alle sind behilflich. Ungeheurer unterirdischer Donnerschlag. Casperl versinkt mit dem Bohrer in die Tiefe, zugleich steigt ein mächtiger Springbrunnen aus der Erde. Allgemeines Geschrei und Jubel.</small>

Wirth.

Juhe, Juhe! da haben wir's!

Zwiebelmaier.

Triumph der Wissenschaft!

Hans.

Nanni, Nanni! komm raus! Unser Brunnen lauft.

Nanni <small>(springt aus dem Wirthshaus heraus.)</small>

Gott sei's gelobt!

Wirth.

Ich halt mein Wort! Ich halt mein Wort! Ihr seid ein Paar!

Hans.

Vivat! Vivat der Herr Professor!

Wirth.

Zapft nur gleich ein Faß an! Das ganze Dorf ist zechfrei!
(Die Bühne füllt sich mit Dorfbewohnern, allgemeine Theilnahme und Freude.)

Nanni.

Aber – wo ist denn denn der Casperl?

Lenzl.

Auweh! der Casperl ist versunken!

Chor.

Auweh! der Casperl ist versunken;
Vielleicht im Brunnen schon ertrunken!
(Mehrere schauen in den Brunnen hinab.)
Es ist nichts von ihm zu sehen,
Welch' großes Unglück ist geschehen!
Auweh, auweh! der Casperl ist versunken.
Im Brunnen, ach! ist er ertrunken.

Verwandlung.

Patagonien. (Südamerika. Stamm der Leuwutschen.)

Südliche üppige Gegend am Meere. Palmen. Im Meere schwimmen große Fische. Affen, Papageien auf den Bäumen, Tiger, Schlangen beleben die Scene.

Professor Zwiebelmaier (tritt auf.)

Hochgeehrtestes Publikum! Ich bin von Seite der Theaterdirektion ersucht worden, Ihnen einige Erläuterungen vorzutragen, damit etwa nicht ein Mißverständniß eintrete, nämlich, wie folgt: Sie befinden sich jetzt im tiefsten Südamerika in der Provinz Patagonien bei den Leuwutschen, welche einen der wildesten Stämme dieser Gegenden bilden. Wenn Sie den Erdglobus betrachten, so werden Sie entdecken, daß in diametralem Durchschnitte vom Dorfe, in welchem sich das Wirthshaus »zum rothen Rößl« befindet, dieser Ort in Patagonien oder vielmehr im Lande der Leuwutschen, gerade der entgegengesetzte Punkt ist, in dessen Richtung ich den artesischen Brunnen graben ließ. Indem nun das Wasser hervorsprang, stürzte eine Erdschichte ein, es kam zum completten Durchbruche bis in die Weltgegend der Antipoden, welche im vorliegenden Falle

die Leuwutschen sind. Ohne Zweifel wird also der arme Casperl durch diese Erdvertiefung gefallen sein und sich zu seinem größten Unglücke bald in dieser Gegend und bei deren wilden Bewohnern einfinden, deren Gebräuche und Sitten jedoch mit denen der Urbajoaren sehr viel Ähnlichkeit haben sollen, weil bei der großen Völkerwanderung, obgleich Amerika noch nicht entdeckt war, ein kleiner Stamm derselben sich hier angesiedelt habe, wie man glaubt. So viel zur Aufklärung des Publikums. Meinerseits werde ich mich aber sogleich wieder hinter die Coulissen begeben, denn ich möchte mich als ein gelehrter Professor keineswegs dem etwaigen ungeeigneten Benehmen der ungebildeten Leuwutschen aussetzen. (Unter Complimenten ab.)
Casperl kriecht aus der Felsenhöhle, schüttelt sich ab.

Casperl.

Schlipperdibix! das war aber eine Rutscherei! Ich kenn' mich noch gar nicht aus. Das weiß ich noch, wie ich in den kartesischen Brunnen gestiegen bin, nachher bin ich in das tiefe Loch gerutscht, und bin dabei a bißl naß word'n, aber nachher weiß ich nichts mehr von mir, bin ich in die Ohnmacht oder in ein Prozupiß gfallen – ich weiß kein Sterbenswörtl. (schaut umher, höchst verwundert.)

Oho, oho? – ja was ist denn das für ein Stadtviertel? Verflixte Gschicht? Da muß ich bedeutend um's Eck gekommen sein. Das sind ja Bäume wie die Kehrbesen mit grüne Büschel! Und das Wasser dahinten, da sieht man gar kein End! Schlipperment und diese Vieher! (Einige Affen springen über ihn hinüber.) Halt! halt! Die Gaßenbub'n hier sind auch curios, die hab'n Schweiferln wie die Katzen. Ah, ah, ah! das ist aber schön! – – Herrgottl, jetzt fallt mir was ein! Etwas Erschreckliches! – ein Riesengedanke – – ein Weltereigniß! Hat mir denn nicht der Profeßor Zwiebelmaier öfters gesagt: »Die Kartesischen Brunnen gehen sogar manchmal so tief durch die Erde, daß die Bohrerschraubenspitze unten auf der Rückseite der Erdkugel herausschaut im Lande der Antipopoden«! Ha! – Und diese Antipopoden sind die Leute, die auf der andern Seite von der Erdkugel logiren! – O Himmel! wäre es möglich? wäre es möglich, daß ich, Unglückseliger, vielleicht in dem kartesischen Loch da durch die ganze Erdkugel gerutscht wär' und mich jetzt wirklich bei den Antipo-po-popoden befände? Furchtbarer Gedanke. Weh mir! ich bin verloren! – – Ich fall in Ohnmacht. (fällt bewußtlos um.)

Prinzessin Milipi läuft eilendst herein, einen ungeheuer großen Schmetterling zu fangen, der vor ihr herfliegt und sich auf Casperls Nase setzt.

Milipi.

Wart nur, Bestie, ich krieg dich schon! – Ah, da sitzt er. (eilt hin, erschrickt ungeheuer.) Ihr höhern Wesen! Was ist das? Ein fremdes Thier! Sklaven! herbei! Helfet mir! Ich werde gefreßen.

Casperl erwachend. (Der Schmetterling fliegt fort.)

Holdes Wösen, erschrecken Sie nicht! Fürchten Sie mich nur nicht. Sie sind ja ein gar nettes Wutscherl!

Milipi (für sich.)

Das Thierchen ist gar nicht so übel. Es kann ja auch sprechen.

Casperl (sehr zärtlich.)

Oh, oh! Sagen Sie mir, warum sind Sie denn so braun im G'sichtl. Sie sehen ja aus wie ein Kupferpfannl, in dem man die Schmalznudel backt?

Milipi.

Fremdling, ich verstehe dich nicht ganz; aber du gefällst mir: denn du scheinst ein gutes Wesen zu sein und kein böses.

Casperl.

O nein, ich bin kein böses, sondern ein sehr gutes, gutes, aber hungriges und durstiges Wösen.

Milipi.

Ich will dir eine Cocusnuß geben, daraus kannst du die Milch schlürfen.

Casperl.

Was? wär nit übel! Ein Hocuspocusmuß? Das hab' ich meiner Lebtag nicht gessen. Da dank ich.

Milipi.

Oder willst du eine verzuckerte Eidechse? Ich habe davon vom Dessert mitgenommen.

Casperl.

Was? – A verzauberte Heidaxen!! Aber, daß ist doch a bißl zu stark, was Ihr für ein Kost haben müßt in dem Land? Aber – apropos, mein Fräulein – denn das sind Sie doch?

Milipi.

O ja; ich bin die Tochter des Häuptlings dieses Stammes. Und heiße Milipi.

Casperl.

Was? Tochter? Häuptling? – Stamm? Mili-li-li-pi-pi-pi? Das ist ja Alles chinesisch! – Nun, apropos! Eigentlich möcht ich doch wissen, wo ich heruntergefallenes Individuum mich auf der Welt jetzt befinde.

Milipi.

Ja, weißt du denn das nicht? – Du bist im Lande der Leuwutschen.

Casperl.

Leu-leu-wu-tschen?

Milipi.

Ja, im Patagonienreiche.

Casperl.

Im Spatagonien – – reiche? – Na – jetzt weiß ich soviel wie zuvor. Du also, liebes Mauserl, bist eine Leu-leuwutscherin? O du Wutscherl du!

Milipi.

Willst du, so werde ich dich zu meinem Vater führen, der wird dich gerne beherbergen.

Casperl.

Ja, mir ist's schon recht, aber vielleicht krieg ich eine rechte Tracht Prügel und werde so, was man sagt, ein bißl »verleuwutscht.«

Milipi.

O fürchte dich nicht; aber, sieh, da kömmt mein Vater selbst.

Casperl.

Auweh! – jetzt könnt's mein' Kopf kosten.

Schluwi mit Halamilari und Gefolge tritt ein.

Schluwi.

Himmelpotztausendsaprament! Was seh' ich da? Wer untersteht sich? Wer ist das? Wie verhält sich das? Meine Tochter und ein Fremdling? Ha! Mordselement! Gleich fünfundzwanzig mit dem Bambus!! Alloh!

Milipi (wirft sich Schluwi zu Füßen.)

Ach, lieber Vater! Verzeih! Ich habe diesen armen Fremdling bewußtlos und erschöpft hier gefunden. Er scheint ein verirrter Wanderer zu sein.

Schluwi.

Ich will nichts mit solchen verwirrten Vagabunden zu thun haben. Donnerwetter! Was ist das wieder für eine Sicherheitspolizei? Gleich fünfundzwanzig dem Polizei-Commissär, der die Jour heut hat! Halamilari!

Halamilari.

Herr, was befiehlst du?

Schluwi (bei Seite zu ihm.)

Glaubst du nicht, daß dieser Unbekannte etwa ein böser Geist sein könnte, der unter dieser Verhüllung mir schaden will?

Halamilari.

Sehr ja! – Vorsicht! Vorsicht!

Schluwi.

Also sichte vor. (laut.) Tochter, du begibst dich augenblicklich nach Hause. Ich folge dir. Halamilari, du bleibst und bringst den Fremdling gefesselt nach. Eh wir ihn aufnehmen, muß er jedenfalls auf das Genaueste geprüft werden. Zu diesem Zwecke führe ihn in den kleinen Tempel, in welchem mein Hausaltar steht.

(ab mit Milipi.)

Halamilari.

Sklaven, ergreift ihn!

(Zwei Wilde packen Casperl.)

Casperl.

Oho, nur nicht so grob!

Wilde.

Strudi, prudi, prudi bibibi!

Casperl.

Was? fangt ihr auch mit einer solchen Sprache an? Geht's weiter mit den Dummheiten.

Wilde.

Pardipixtipixtiwixti.

Casperl.

Ja, ja, s'ist schon recht. Nur Geduld!

Ein Wilder.

Pumpsdi! (schlägt den Casperl.)

Casperl.

Au!

Ein anderer Wilder.

Pumpsdi, pumpsdi! (schlägt ihn ebenfalls.)

Casperl.

Sapperment, das leid ich nit! (zu Halamilari.) Sie, Herr General oder Herr Hoffourier, was Sie halt sind: Ich bitt mir die gehörige Achtung aus. Verstehen Sie mich?
  (rumpelt an den Halamilari, der sehr erschrickt und furchtsam ist.)

Halamilari.

Ich muß mich etwas in Acht nehmen. Wenn er ein böser Geist, könnte er mir schaden.(zu den Wilden.) Ca-Colimacolimilimila.

Die Wilden.

Oi, Oi, Oi-mu!

Casperl.

S o – laß ich mirs gefallen; nur höflich! aber zuvor wünschte ich genährt zu werden.

Halamilari.

Man wird dir Speis und Trank geben. Fort! Marsch. Eins, zwei! Eins, zwei!
  (Alle ab.)

Verwandlung.

Das Innere eines Tempels. In der Mitte auf 3 – 4 Stufen steht ein großer steinerner Maßkrug mit zinnernem Deckel.

Anfangs der Scene ist der Krug noch von einem Vorhange verdeckt, der sich leicht aufziehen läßt.

Nacht. Der Raum ist von einer Hänglampe oder von ein Paar zu beiden Seiten stehenden Candelabern spärlich erleuchtet.

Halamilari tritt mit Casperl ein.

Halamilari.

So führe ich dich denn in das Heiligthum ein, junger, hoffnungsvoller Fremdling. Du hast hier die Prüfung zu bestehen.

Casperl.

Was – Prüfung? – Jetzt gibt's ja keine Schulpreis mehr; da will ich auch Nix von einer Prüfung wissen.

Halamilari.

Es ist die Prüfung, ob du würdig seist, in dem Lande des großen Schluwi zu weilen.

Casperl.

Mich zu langweilen; denn bisher hab ich nur Ängsten, aber keine Unterhaltung ghabt.

Halamilari.

Hier ist unser Heiligthum, unsere Gottheit, welche vor undenklicher Zeit als ein heiliges, wunderbares Meteor vom Himmel an diesem Platze niedergefallen ist und über welches dieser Tempel gebaut wurde.

Casperl.

Hinter diesem Vorhangl da?

Halamilari.

Ja. Ich habe den Befehl, dich nun allein zu lassen. Bist du ein Auserwählter, so wird es sich zeigen; wo nicht, so werden dich die bösen Dämonen zerreißen.

Casperl.

Oho, was nit gar? zerreißen? – Aber ich verlang mir ja nicht ein Auserwählter zu sein; am liebsten wär mir's, wenn Sie mir den Weg nach Haus zeigen ließen.

Halamilari.

Es ist zu spät. Du hast zu uns hergefunden, mußt also geprüft werden.

Casperl.

Lassen Sie mich nur mit der Prüfung aus, Sie Allerliebster.
<small>Donnerschlag. Zugleich löschen die Lichter aus.</small>

Casperl.

Pumps dich! Da hab'n wir's!

Halamilari.

Es ist das Zeichen der Gottheit.

Casperl.

Das ist eine curiose Gottheit, wenn die immer einen solchen Plumpser macht.

Halamilari.

Lebe wohl! Sei weise und gefaßt! (ab.)

Casperl (allein.)

»Sei weise und gefaßt!« – was heißt jetzt d a s wieder? Leben Sie wohl, angenehmes Mannsbild! – Was fang ich jetzt an? Ich glaub': ich leg mich nieder und schlaf a bißl.
<small>Tiefe Stimme hinter dem Vorhang.</small>
Casperl! Casperl!

Casperl.

Wer ruft mich?

Stimme.

Ich bin es.

Casperl.

Wer bist du denn, der du dich »Ich« nennst?

Stimme.

Ich bin ich und du bist du; aber in meiner Tiefe ruhet auch dein Geist; dieß ist das Geheimniß des Lebens.

Casperl.
Schlapperment! dahinten scheint's nicht ganz richtig herzugehen im Capitolium.

Stimme.
Ziehe den Vorhang zurück und du wirst mich erkennen.

Casperl.
Ich werde den Vorhang zurückziehen und – (indem er es thut, zeigt sich der Krug von magischem Schimmer erleuchtet.)

Casperl (ungeheuer erstaunt.)
Ja-ja-ja – was erblick ich? Du bist also dieses »Ich« und ich bin dieses »Du«. Himmlische Erscheinung! Wonnevolles Zeichen der Heimath! Ha! (fällt auf den Bauch.)

Casperl (aufspringend.)
O, sei gegrüßt! sei willkommen!
(springt an dem Krug auf und ab, dann hinauf, öffnet den Deckel und schaut in den Krug.)

Von Innen.
Prrrrrrr!
Ein Leuwutschenteufel, der aus dem Krug schaut, nimmt Casperl beim Schopf.

Casperl.
Auweh! Auweh! – Ist der auch wieder da?

Teufel.
Wart Spitzbub! Was thust du da herunten?

Casperl (wieder unten.)
Und was thust du da oben?

Teufel.
Prrrrrrrrr!

Casperl
Ja, »Prrrrrr!« (springt zu ihm hinauf. Balgerei. Casperl reißt den Teufel herab, springt auf ihn etc. bis der Teufel todt da liegt. Ungeheurer Donnerschlag. Speifeuer aus dem Krug. Es wird hell. Zugleich treten Schluwi, Halamilari und Milipi ein.

Schluwi.
Du hast gesiegt, Jüngling! Du hast den bösen Dämon bezwungen.
Halamilari.
Dich haben die Götter zu uns gesandt.
Milipi.
Heil dir, nimm diesen Kranz von Palmblättern.
Casperl.
Ich bedank mich gar schön, aber jetzt bin ich so gescheit, wie zuvor.
(Mehrere Eingeborne treten ein.)
Heil! Heil! Heil!
Schluwi.
Laßt uns unsern Hymnus singen und um den heiligen Stein den Reigen tanzen.
Alles tanzt um den Krug herum, dessen Deckel fortwährend auf- und zuklappt. Allgemeiner Chor nach der Melodie:

Rallala, rallala, rallala, rallala,
Kellnerin schenk uns ein
Weil wir beisammen sein,
Rallala, rallala, rallala, la.

Rallala, rallala, rallala, rallala,
Huraxdox, schnaderigax,
Tanz' mit der krummen Hax,
Rallala, rallala, rallala.

Rallala, rallala, rallala,
Und heut is grad so recht,
Denn das Bier ist nicht schlecht,
Rallala, rallala, rallala. Juh! Juh! Juh!

Schluwi.

Und nun, edler junger Mann; weil ich für meine Tochter noch keinen Mann gefunden, so habe ich dich zu ihrem Gatten bestimmt.

Casperl.

Ah! Ah! – aber färbt's nit ab, die Tochter?

Halamilari.

Nein, Sie ist ganz naturchocoladibraun!

Casperl.

Nacher laß ich mir's gfallen.

Schluwi.

Kommt Kinder! Kommt Alle! Nun soll gleich das Hochzeitsfest gefeiert werden. Man spiele einen Marsch auf; schreit Alle: Vivat!

(Alle schreien und ziehen feierlich um den Krug herum unter den Klängen eines Marsches ab, während der Vorhang fällt.)

III. Aufzug.

Gegend am Meere in Patagonien, wie im II. Aufzuge.
Casperl, Milipi (ein junges Crocodil an der Schnur führend) treten ein.

Milipi.

Nun sind wir verheirathet, lieber Fremdling! Ach, ich bin so glücklich, deine Gattin zu sein!

Casperl spricht immer sehr hochdeutsch.

O ja! Und ich, moine Liebe, bin so glücklich, dein Gatte zu soin!

Milipi.

Nicht wahr? Ich darf dich meinen »Colibri« nennen? Das sind die lieben kleinen bunten Vögelchen, die netten Thierchen. Und du hast ja auch so ein rothes Röckchen an.

Casperl.
Du bist moine Milipi und ich bin dein Colipripi!

Milipi.
Wie gefällt dir mein kleines Schoßthierchen, das junge Crocodilchen?

Casperl.
Gar nicht übel, aber es hat mich schon ein paar Mal in den Finger gezwickt.

Milipi.
Das ist nur Scherz.

Casperl.
Wenn es aber ein bischen größer wird, könnte das Thierl Einem leicht den Kopf abboißen, aus lauter Scherz.

Milipi.
Das thut nichts; das geschieht bei uns manchmal, lieber Colibri.

Casperl.
Da dank' ich gehorsamst.

Milipi.
Apropos, lieber Mann: denke dir, mein guter Vater will uns heute ein recht großes Vergnügen machen. Er hat mir erlaubt, mit dir eine kleine Spazierfahrt in seinem Leibhofluftballon zu machen, das wird allerliebst.

Casperl.
Schlipperdibix, da freu ich mich aber drauf! Sind denn bei Euch auch die Luftbullon bekannt?

Milipi.
O ja; schon seit ein paar hundert Jahren. Sie sind aus Elephantenhäuten gemacht und werden mit brennendem Branntwein gefüllt, dann steigen sie in die Luft. Aber man hält sie an einer langen Schnur, damit sie nicht davon fliegen können.

Casperl.
Das muß eine charmante Unterhaltung sein, die Luftfliegerei, wenn Eim' dabei nit übul wird.

Milipi.
O nein, o nein! – Sieh, da bringen sie den Luftballon schon. Papa kommt auch mit.

Schluwi, Halamilari, der einen schwebenden großen Luftballon an der Schnur hält.

Schluwi.
Milipi! sieh, weil ich dir's versprochen hab, kannst du jetzt mit deinem Mann da hineinsitzen und ein halb Stündl spazieren fliegen. Halamilari hält das Seil, da brauchst keine Angst zu haben.

Milipi.
O lieber Papa! Und nicht wahr, mein Crocodilchen darf auch mitfahren.

Schluwi.
So viel du willst. Steigt nur ein.

Milipi und Casperl steigen in das Schiffchen, das Crocodil hängt an der Schnur herab.

Schluwi.
So alloh, alloh! (Der Ballon steigt in die Höhe.)

Halamilari.
Tausend, tausend! Das Halten wird mir zu schwer! –

Casperl.
Nur nit auslaßen!

Halamilari.
Ich kann nicht mehr, ich kann nicht mehr!

Schluwi.
Laßt das Crocodil fallen! (Crocodil fällt herab.)

Halamilari.
Hülfe! Hülfe! ich kann nicht mehr!

Casperl.
Haltens! Mir wird nicht ganz gut.

Milipi.
Mir wird übel! Ich falle in Ohnmacht!

Halamilari.
Ich falle! Ich kann nicht mehr!
Schluwi.
Herbei! helft! haltet!

Halamilari läßt den Strick fahren und fällt hin, der Ballon verschwindet in der Höhe, Milipi fällt mit einem Schrei herab.

Schluwi.
Weh! weh! Meine Tochter! Meine Milipi!
Halamilari.
Auweh! Ich hab mir das Rückgrat gebrochen.
Schluwi.
Hülfe! Hülfe!

(Unter allgemeinen Wehegeschrei fällt das Orchester ein.)

Rasche Verwandlung.

Wirthshaus von Außen, wie Anfangs des zweiten Aufzuges. Der artesische Brunnen steht vollendet da. Eine Art Säule, an welcher aus mehreren Röhren Wasser sprudelt. Nacht und Mondschein.

Casperl fällt aus der Luft herab und plumpst auf den Boden.

Casperl.

Donnerwetter! Das hab ich gspürt! – (steht langsam auf.) Auweh, auweh – thut mir das Kreuz weh! No! und die Luftfahrt! Da dank ich! Aber da oben hat er auf einmal auslaßen; da muß ihm der Athem ausgangen sein! Kreuztibidomine! Ich muß um die ganze Erdkugel 'rumgeflogen sein. An a paar Stern bin ich gleich so angstoßen, daß ich mir die Spitzeln in die Rippen gerennt hab. Das war a Metten! Ein Comet hat mir mit seinem Schweif einen mordalischen Wischer über's G'sicht gemacht, daß mir die Funken aus die Augen gespritzt sind! Wie ich aber am Mond vorbei gsegelt bin, hab ich nix mehr gsehen und jetzt lieg ich da; aber wo lieg ich! wo? –
Bin ich vielleicht wieder in so ein Wuwutschenland verdammt, wo ich eine schwarze Prinzessin heirathen muß? Halt! ich hör' was! da will ich mich gleich ein Bischen verstecken, eh ich bumerkt werde.

(Der Nachtwächter Peter mit Spies und Laterne tritt ein.) singt:

Ihr Herrn und Frauen laßt euch sagen,
Die Stunde hat drei Uhr früh geschlagen;
Es ist bald Zeit, daß ihr aufsteht,
Aufsteht und an die Arbeit geht!

Ihr Herrn und Frauen laßt euch sagen,
Die Stund hat drei Uhr früh geschlagen,
Jetzt legt der Mond sich in sein Bett,
Um's Leben ist's a miserabl's G'frett!

Ihr Herrn und Damen laßt euch sagen,
Die Stund hat drei Uhr früh geschlagen,
Die Sonne wirft ihre Ducket weg,
Und kommt gleich 'rauf dort über's Eck!

(maschirt ab.)

(Mond verschwindet, allmählig tritt Morgendämmerung ein,
C a s p e r l tritt aus seinem Versteck.)

Casperl.

Potztausendelement! Das war ja der Peter, unser Nachtwachter! Ja! wie kommt denn d e r daher? oder wie komm' ich daher? (sieht sich ringsum.) Herrschaft! Wunder! Mirakel, Spectakel! das ist ja 's R ö ß l w i r t h s h a u s! Juhe! jetzt bin ich wieder daheim! – doch ruhig! keine Übereilung! Faßung! Besonnenheit! Überlegung! Manneswürde, Empfindung! Selbstgefühl! sittlicher Ernst! – – Wie mach' ich's jetzt am Gscheitesten, daß meine unerwartete Rückkehr ein Weltereigniß wird? – – Jetzt fallt mir was ein: zuvor werd ich als mein Geist erscheinen, nachher erst als leibhaftiger Casperl. Ich will doch hören, was die Leut von mir sagen.

(Er steigt auf die Brunnensäule, so daß er sich oben wie eine Statue ausnimmt.)

So! jetzt still und aufgepaßt! Am allerfrühsten Morgen werden die Leut schon kommen und Wasser holen.

(Man hört die Morgengebetglocke läuten. Nun kommen allmählig Knechte, Dirnen an
den Brunnen, Wasser zu holen, die aber Casperl nicht bemerken.)

H i e s l aus dem Wirthshause, später N a n n i.

Hiesl (wäscht sich am Brunnen.)

Das ist halt was werth, so a guts, frisch Wasser! Das wascht Ei'm den Schlaf noch recht aus die Augen. Aber kost't hats er 'n Wirth was der Brunnen. Rentirt sich aber. Jetzt hab'n wir überflüßig für's Vieh, für die Roß und die groß Stadlwiesen können wir auch noch wässern, und den ganzen Garten und 's Krautgartenwiesl; dürfen nur die Rinnen einlegen. Herrschaft! Das ist freilich eppes Guts und grad nur die halbi Arbeit.

Gut'n Morgen, Wirthin!   Nanni mit einem Krug tritt aus dem Hause.

Nanni.

Guten Morgen, Hiesl! Thust's Vieh bald tränken. Gelt, der Brunnen ist a Wohlthat? hast'n Schöpfer gleich im Stall.

Hiesl.

No, das sag i! Der kaltesische Brunnen ist was werth. Aber kost't hat er a was!

Nanni.

Ja freilich, 2000 Gulden langen net. Und das kann ich halt gar nicht vergessen, daß dabei ein Menschenleben auch z'Grund gangen ist.

Hiesl.

A mein, der Casperl; Gott tröst'n; aber a Lump war er doch! (Casperl räuspert sich.)

Nanni.

Ja, a gute Haut; aber a fauler Kerl; und 's Bier war ihm eigentlich sein Arbeit. (Casperl hustet.) Hast'n Catharr Hiesl, weil's d' alleweil husten mußt?

Hiesl.

Bei Leib nit; aber ich hör' auch alleweil so räuspern.

Nanni.

Ja, Hiesl, mir wär's doch recht, wenn der Casperl noch bei uns wär! Er war doch gar so a lustiger Bursch mit seine Dummheiten.

Hiesl.

Das schon; aber ich glaub', es hat ihn doch der Teufel gholt, weil er a gar so a fauler Kerl war. (Casperl hustet ungeheuer.)

Nanni.

Ja, was ist denn das? Wer ist denn da? (bemerkt Casperl oben auf dem Brunnen.) Herrgott im Himmel! Da steht er oben! Das ist sein Gspenst! Auweh!
(Läßt den Krug fallen und läuft schreiend ins Haus.)

Hiesl.

Richtig! der leibhaftig Casperl! Alle guten Geister – – (läuft ebenfalls hinein.)

Casperl.

Brav! jetzt hab' ich mein Sach! wenigstens hab ich beobachten können, daß ich im guten Andenken steh. Wie werden sie mich erst empfangen, wenn ich in Wirklichkeit erscheine? Holla! kommt schon wieder wer.

(Wirth mit Nanni aus dem Haus kommend.)

Wirth (an der Thüre.)

Was nit gar? Das sind Dummheiten! Macht's mir Nichts weiß. Ich glaub' an keine Geister.

Nanni.

Ja gwiß, auf'm Brunnen steht er oben wie er gleibt und glebt hat. Schaut's nur hin, Vater.

Wirth.

S' ist schon recht. (schaut hin.) Meiner Seel! – das ist kein Gspaß; da steht er!

Nanni.

Gelt's? ich hab' recht ghabt.

Wirth (zitternd.)

Holt's 'n Pfarrer, der kann mit die Geister umgeh'n. Hiesl Hiesl! (Hiesl kömmt.)

Hiesl.

I trau mir net!

Wirth.

Zum Herr Pfarrer lauf, Hiesl! Er möcht mit 'n Weihbrunnen kommen, aber gleich! wo ist denn der Hans? Hans!

(Hiesl läuft fort, Hans kömmt aus dem Hause.)

Hans.

Was gibt's denn, Vater? –

Wirth.

Da schau hin.

Hans (schaudernd.)

Der Casperl!

Casperl (mit geisterhafter Stimme.)

Ja, der Casperl! der arme Casperl! Als Geist erscheint er euch. Gelt's: der Lump, der Faulenzer! der in das Brunnenloch gefallen ist, tief in die Erden hinunter, der so elend zu Grund gegangen ist? Wehe! Wehe! Wehe! (Alle fahren durcheinander, werfen sich endlich auf die Kneie.)

Ja! zittert und bebt nur! Wenn die Leut gstorben sind, nachher soll man nur Gut's von ihnen reden. So steht's im Christenlehrbüchl!

Alle.

O mein, o mein!

Wirth.

Wenn's d' nur wieder lebendig wärst, lieber, guter Casperl!

Nanni.

Gelt? ich bitt dich, du thust uns nichts.

Wirth.

Ich versprich dir's. Ich laß dir ein schönen Grabstein setzen von Marmor und a goldne Schrift drauf; guter Casperl!

Casperl (springt herab.)

Nix Grabstein! Juhe! Ich bin ja lebendig; da schauts her, da ist der alte Casperl.

Alle.

Ja, wie ist denn das möglich!

Wirth.

Bist du also kein Geist?

Casperl.

Nix Geist! – Fleisch und Blut! Gebt's mir nur gleich was z' Essen und z' Trinken!

Wirth.

So viel's d' nur magst! weil's d' nur wieder da bist.

Casperl.

Ja, gelt's? aber so geht man mit den Abgstorbenen um?!

Nanni.

Verzeih's nur, Casperl; es war nit so bös gmeint. Du weißt's ja.

Wirth.

Wir haben dich alleweil recht gern g'habt, allesammt im Haus.

Hans.

Ja freilich! und jetzt haben wir dich noch gerner.

Casperl (hocherhaben und stolz.)

Ja, ich woiß es: der Casperl wird überall gern gehabt. Wo er immer sich blücken läßt, ist er buliebt, ja angubetet. Ich verzeihe euch!

Nanni.

Aber sag nur: wie ist's denn möglich, daß du nit z' Grund gangen bist.

Casperl.

Zu Grund g a n g e n bin ich nicht, sondern zu Grund g f a h r e n. Das Schicksul hat mich gurettet; denn der Casperl kann und darf nicht zu Grund gehen. Aber jetzt gehn wir in die Wirthsstuben, ich fall vor Hunger und Durst um.

Wirth.

Ja, gehen wir hinein! da kannst uns erzählen, wie's dir gegangen hat.

Nanni.

Ja, gelt, Casperl, du erzählst uns, wo du überall warst?

Casperl.

O! wecket nicht die Erinnerungen einer glücklichen Vergangenheit!

Wirth.

Alloh! Auf!

Alle.

Der Casperl soll leben! Vivat hoch!

(Das Orchester fällt ein.)

Ende des Dramas.

Casperl als Turner.

Zwischenspiel in einem Aufzuge.

Personen.

Casperl Larifari, Privatier.
Grethel, Casperls Frau.
Medizinalrath Dr. Fiberer.
Barrenreck, Professor der Turnkunst.
Nanni, Kellnerin.

Zimmer in Casperls Wohnung.
Grethl tritt mit Dr. Fiberer durch die Mittelthüre ein.

Doctor.

Nun, wie steht's mit Herrn Casperl? Sie haben mich wieder rufen laßen. Ich meine aber doch, daß es vor vierzehn Tagen schon etwas besser gegangen, als ich das letzte Mal bei Ihnen war.

Grethel.

O mein Gott! Ich hab's auch geglaubt. Aber auf das letzte Recept, das Herr Medizinalrath ihm verschrieben haben, ist's beinah noch schlimmer mit ihm geworden.

Doctor (gereizt.)

Oho, Madame! das pflegt man mir doch selten zu sagen. Auf m e i n e Ordinationen tritt gewöhnlich B e s s e r u n g beim Patienten ein. Da müßte ich schon bitten.

Grethl.

Dießmal scheint es aber nicht der Fall gewesen zu sein. Aber Sie werden sich gleich selbst überzeugen; ich werde meinen Mann hereinholen, damit Sie mit ihm reden können. (ab durch die Nebenthüre.)

Doctor (allein.)

Ei, Ei! das wäre aber doch! Jetzt kurier ich schon ein halbes Jahr an Herrn Casperl und ich kenn mich eigentlich selber noch nicht aus, was ihm fehlt. So was darf sich aber ein praktischer Arzt nicht anmerken lassen, oder zu was hätt' ich denn erst vor 2 Monaten den Medizinalrathstitel bekommen? Wir Ärzte müßen zusammenhalten, besonders wegen der Homöopathen, die aber so zu sagen auch nichts wißen; allein die möchten uns Allopathen ganz ruiniren. Aha! da kommt er.

Casperl tritt ein, große Zipfelmütze auf, ungeheuer wehleidig und affectirt krank und schwach, mit schlotternden Schritten und schwacher Stimme.

Casperl.

Guten Morgen, Herr Mudicinalrath. Kommen Sie auch wieder einmal zu einem armen kranken Mann? Gelten's? wie ich ausschau! Zum Verschrekken!

Doctor.

No, no, 's passirt, Herr Casperl. Wie ich's letzte Mal bei Ihnen war, haben S' doch noch viel miserabler ausgeseh'n, und mit dem Piedestal – scheint mir – geht's doch jedenfalls besser. Sie marschieren ja ganz brav.

Casperl.

O, bewahr's Gott! Ich geh auf meine letzen Füß!

Doctor.

Ja weil überhaupt jeder Mensch nur zwei Füß' hat. Nun also: discuriren wir ein bißl miteinand. Wie steht's eigentlich mit'm Appetit; denn das ist immer die Hauptsach bei'm Menschen.

Casperl.

Gar nit gut. Wenn ich sechs Leberknödel in der Suppen und acht paar Bratwürst auf'm Kraut gegeßen hab, da is mit'm Appetit schon vorbei.

Doctor.

Nun, nun: das kann man sich immer gefallen lassen. Der Magen vertragt noch was. Denken Sie nur, daß Sie gar keine Motion machen, Herr Casperl. Nun – und wie steht's mit dem Durst?

Casperl.

Miserabel! So a halbs Dutzend Liter, wie man's jetzt heißt – die thuen's noch; aber da kann ich höchstens noch a paar Maßl draufsetzen nach'm alten Maaß.

Doctor.

Das ist immer noch ein ganz erträglicher Zustand und mir scheint doch, daß meine letzte Medizin gewirkt hat. Und jetzt sagn S' amal, Herr Casperl, wie ist's mit'm Schlaf? –

Casperl.

Reden Sie mir nur nicht vom Schlaf! Wenn ich mich Abends um a 9 Uhr niederleg, so wach' ich um 8 Uhr in der Fruh schon wieder auf und nachher muß ich mich wenigstens noch 3 Mal umkehren, bis ich noch a paar Stündl schlafen kann. Gelten's, Herr Mudizinalrath, das kann man doch keinen gesunden Schlaf heißen?

Doctor.
's passirt, 's passirt, Herr Casperl! jetzt muß ich nur noch nach'm Stuhl fragen. Der soll in Ordnung sein.

Casperl.
Ja, ich muß halt seit acht Tag immer auf'm Lehnsessel hocken, weil an dem Stuhl in mei'm Schlafkammerl zwei Füß brochen sind und der ist noch bei'm Tischler zum Leimen.

Doctor.
Sie haben mich nicht recht verstanden. Ich mein', ob Sie vielleicht an Obstructionen leiden? An Constipationen?

Casperl.
O, elend, elend! von den Destructionen und Conspirationen haben S' gar keinen Begriff.

Doctor.
Hm! Hm! – Bewegung, Bewegung! Herr Casperl! dann werden die Anschoppungen bald aufhören.

Casperl.
Was? Anschopfungen? – Ich nimm mein' Grethl alle Tag beim Schopf, und es nutzt doch nichts.

Doctor.
Sie müßen Bewegung machen.

Casperl.
No! ist das kein Bewegung, wenn ich alle Tag dreimal zum Wirth nüber geh'?

Doctor.
All's zu wenig! Ich würde Ihnen das Spazierenreiten empfehlen.

Casperl.
Wie? das Spazierenreiten? Erstens: Hab' ich keinen Gaul, und zwei-

tens: Wenn ich auf der linken Seiten auf en Gaul aufsitz', so fall ich auf der Rechten gleich wieder 'nunter.

Doctor.

Wißen's was, Herr Casperl? Probiren Sie's mit dem Turnen.

Casperl.

Oho! ein Turner soll ich werden? Wär' net übel! 365 Staffeln auf'n Frauenthurm 'naufsteigen und nacher oben Hunger und Durst leiden? Tag und Nacht auf- und abspazieren und zum Fensterl 'nausschau'n, ob's net wo brennt? Auf's Rathhaus 'nunter telegraphiren, anschlagen, feuertrompeten, blasen – oh, oh, was fallt Ihnen ein?

Doctor.

Sie haben mich wieder nicht recht verstanden. Ich meine, daß Sie turnen sollen, wie's jetzt überhaupt nach dem neuen Reichsgesetz auch für die deutschen und lateinischen Schulen vorgeschrieben ist. Sie werden doch wissen, was das Turnen ist? Diese herrliche Leibesübung für die deutsche Jugend!

Casperl.

Ja, ich weiß schon; aber ich weiß doch nit, ob die Commotion mich nicht zu stark angreift.

Doctor.

Jetzt geh'n wir nur gleich in den »Adler« hinnüber. Da kommt der Professor der Turnerei, der Herr Barrenreck täglich zum Essen hin. Ich mache Sie mit ihm bekannt und dann werden wir schon sehen, was zu machen ist.

Casperl.

No ja, meinetwegen! 's Bier ist auch gut im Adler. Geh'n wir halt zum Professor Narrenschneck 'nüber.

Doctor.

Barrenreck! Barrenreck, Herr Casperl.

(Beide durch die Hauptthüre ab.)

Verwandlung.

Gastzimmer im »Adler«.

Nanni, Kellnerin, ordnet und deckt Tische.

Nanni.

Aber heut kommen's wieder spät zum Essen, die Herrn; schon gleich halb zwei Uhr und noch keiner da! Richtig! jetzt fallt's mir ein! die Herrn Offizier haben ja groß' Inspections-Manöver; die werden erst gegen Abend kommen. Die Herrn Beamten sitzen wieder z'lang beim Schöppeln. Denen ihre Bureauxstunden sind auch kurz gemessen. Um 9 Uhr da ziehn's emal auf; um ½12 Uhr geht's zum Schöppeln, um Eins zum Essen, nacher zum Caffé, nach a paar Stündeln auf's Bureaux, den Einlauf durchsehen, wie ich's immer reden hör'; nacher zum Nachtessen z' Haus. Da werden die Buben gebeutelt, wer einen hat. Um 8 Uhr in die Herrngsellschaft bis 11 Uhr. D a s ist der Lebens- oder Tageslauf eines Staatsdieners, und wenn er's einige Jahrln so durchgmacht hat, dann bekommt er einen Verdienstorden. (Schritte draußen.) Aha! da kommt der narrete Professor.

B a r r e n r e c k stürmt herein, lange Haare, Vollbart, Turnerkleidung.

Barrenreck.

Guten Tag, guten Tag, mein Kind! (brüllt singend.)

Turnerei,
Frank und frei!
Immer sei!
Holla hei!

Guten Tag! Heda, Mädchen, was gibt es heute zum verschlingen? Mich hungert. Habe gerade einen tüchtigen Dauerlauf um die Stadt gemacht mit den Knaben.

Nanni.

Heut gibt's gschnittne Nudelsuppen oder Knödel mit Sauerkraut; sauers Nierl, Schweinebraten und Erdäpfel – –

Barrenreck.

Holla das ist mein Leibessen. Bringen Sie mir Schweinebraten mit Sauerkraut.

Nanni.

Geich. Bier auch?

Barrenreck.

Nein, einen Krug Wasser dazu!

Nanni (für sich.)

Das ist Einer! Nichts als Wasser! Alle 14 Täg e Mal Bier, wenn's ihm ein Anderer zahlt. (ab.)

Barrenreck (singt wieder.)

> Erwacht ihr Schläfer Alle!
> Mein Turnerhorn erschalle!
> Auf, auf! zu Schritt und Sprung.
> Du deutsches Herze, stark und jung!

Nanni (bringt das Bestellte. Barrenreck setzt sich.)

So, ich wünsch guten Appetitt, Herr Professor!

Barrenreck.

Fehlt nicht, fehlt nicht, mein Kind. (singt.)

> Speis und Trank,
> Turners Dank,
> Sonder Wank,
> Niemals krank!

Nanni (für sich.)

Wenn der nit noch a ganzer Narr wird, so will ich nit Nanni heißen. A halbeter ist er schon.

Doctor und Casperl treten ein.

Doctor.

Guten Tag, Herr Professor und zugleich guten Appetit!

Barrenreck.

Ei, Herr Doctor! Sie hier? Eine Seltenheit. Gut Heil! Sie sind ja der Mann des Heiles! (hebt den Wasserkrug auf.) Singt:

> Frisch Geselle,
> Trink zur Stelle

Aus der Quelle,
Blank und helle!

Doctor.

Bedaure, habe keine Zeit mich aufzuhalten, besonders beim W a s s e r. Meine Patienten warten. Ich wollte nur den Herrn von Caspar Larifari mit Ihnen bekannt machen. Eine meiner Kundschaften, dem ich vor Allem B e - w e g u n g verordnet habe, besonders Zimmergymnastik oder Turnen im Freien, und da glaube ich mich an die beste Quelle gewandt zu haben.

Casperl.

Ghorsamer Diener! Ghorsamer Diener! (mit Reverenzen.)

Barrenreck.

Das ist brav! Turnen ist das Heil der Gesundheit. (schlägt Casperl auf die Schulter, daß dieser gleich hin fällt.) Gut Heil!

Casperl.

Oha! das ist eine curiose Art, Bekanntschaft zu machen.

Barrenreck.

Gut Heil! Bruder! Schüler! Gut Heil!

Doctor.

Nun, wie ich seh', ist ja die Bekanntschaft schon gemacht. Hab die Ehre! (ab.)

Barrenreck.

Nun, also Turnen!

Casperl.

Ich hab' die Ehre, Herr Professor; mein Herr Doctor meint, daß für meinen bedenklichen Zustand so eine Bewegung zuträglich wäre.

Barrenreck.

Was »Professor!« »Freund« – »Bruder« – soll's zwischen uns heißen. Sie gefallen mir. Aus Ihren Zügen spricht deutscher Ernst und Mannhaftigkeit. Lassen Sie uns vor Allem ein Glas zusammentrinken und Brüderschaft machen.

Casperl.

Beim Trinken bin ich alleweil. Das ist auch eine gesunde Bewegung, wenn man Viel hebt.

Barrenreck.

Kellnerin, bringen Sie Bier.

Casperl.

Bravo! Sagen wir nur gleich »Du« zueinand. Du gefallst mir auch, Bruder! (Umarmung.)

(Barrenreck drückt Casperl so, daß dieser furchtbar schreit.)

Casperl.

Auweh! – Das heiß ich einen Turnerdruck! (Nanni bringt Bier.) Vivat! Hoch!

Barrenreck.

Hoch, hoch! Bruder, hast du Geld bei dir? Ich habe meine Turnertasche, in der meine Börse ist, auf dem Turnplatze liegen lassen.

Casperl.

O ich bitt recht sehr, auf ein paar Maß kommt's mir nicht an.

Barrenreck.

So recht, Bruder. Caspar, nicht wahr, so heißt du?

Casperl.

Außerordentlich Ja!

Barrenreck.

Also, Bruder Casper. Laß uns trinken und singen!

> Turnerei,
> Frank und frei,
> Eins und zwei,
> Zwei und drei,
> Holla hei!

(wird wiederholt; das zweite Mal singt Casperl mit.)

Casperl.

Das laß ich mir gefallen, mit der Turnerei bin ich einverstanden. Mir ist jetzt schon viel leichter und besser! Ein herrliches Mittel.

Barrenreck.

Nun aber zur Sache! Kellnerin, bringen Sie wieder ein paar Krüge! Ich bin leer.

Casperl.

Nun, der kann's. (Nanni bringt wieder Bier.)

Barrenreck.

Jetzt, Bruder, paß auf. Mach ein Mal den Armschwung. (dreht die Arme.) So, so – – (Casperl will's nachmachen und schlägt dabei den Barrenreck tüchtig in's Gesicht.)

Barrenreck.

Gut, gut, Bruder. Das geht schon. Nun aber das Fersenheben und Beinstoßen. (macht es vor.)
(Casperl stößt mit dem Fuße den Barrenreck auf den Bauch, daß er umfällt.)

Barrenreck.

Oho, Bruder.

Casperl.

Das g'fallt mir. (stößt immer zu.)

Barrenreck.

Holla! Gut! Halt! Halt! Nun ein bischen Dauerlauf! (läuft voraus, Casperl ihm nach, bis er erschöpft hinfällt.)

Casperl.

Nein, da dank ich. Das ist ja zum Umbringen.

Barrenreck.

Nun ruhe ein Bischen. Trinken wir wieder. Holla so!
Turnerei
Frank und frei
Wie da sei,
Einerlei!
(Beide werden immer betrunkener.)

Casperl.

Turnerei,
Hollerbrei
Und mein Wei'b

Barrenreck.

Vorwärts jetzt, versuchen wir den Sturmsprung. (springt über den Tisch.) Casperl ihm nach. (fällt mit dem Tisch um, Alles in Scherben.)

Casperl.

Schlipperment, das war aber ein Sprung!

Barrenreck.

So ist's recht, Bruder, das war ein ächter deutscher Sturmsprung. Vivat! Gut Heil!

Casperl.

Holla, ho, ho! (beide schreien fürchterlich, umarmen sich, tanzen herum. N a n n i springt herein.)

Nanni.

Aber nein! Das ist doch zu arg! Ah, – ah –

Barrenreck.

Ruhig, edle Walkyre! Schenke nur immer ein und schleppe bei. – Bruder, nun auf den Barren in's Freie!

Casperl.

Was? auf'n Karren? Warum nit gar.

Barrenreck.

Ja auf den Barren! Hinaus, hinaus!

Nanni.

Ja, aber ich muß schon bitten, daß Sie zuvor noch zahlen.

Barrenreck zu Casperl.

Bruder, das ist d e i n e Sache. (singt:)
　　　Turnerei
　　　Frank und frei!

Nanni.

Die Zech macht mit Allem und Allem, was Sie z'sammengschlagen haben, 5 fl. 36 kr.

Casperl.

Das wär nit übel – für die erste Lektion? Nix Bruder im Spiel. Das geht nit.

Barrenreck.

Bedenke, daß wir deutsche Brüder sind; Einer für den Andern. Zahle frei!

Casperl.

Ich mag nicht. Das ist eine theuere Bruderschaft.

Barrenreck.

Schäme dich!

Casperl.

Ich will aber nit!

Barrenreck.

Du mußt. Bedenke unsere Ehre.

Casperl.

(schlägt mit dem Fuß auf den Tisch und stößt Barrenreck auf den Bauch.) Schlipperment!

Barrenreck.

Wie? dieß mir! (schlägt den Casperl.)

Casperl.

Wart du Turner! (schlägt und stößt ihn. Balgerei. Nanni ringt die Hände.)

Doctor (tritt ein.)

Was für ein Lärm? Aber, meine Herren!

Casperl.

Ist der Esel auch wieder da? Was geht Sie unsere Bruderschaft an? (schlägt ihn.)

Barrenreck.

So, Bruder, recht hast du. (Balgerei zu dreien.)

Madame Grethel (tritt ein.)

Aber nein. Meine Herren! Casperl! Das ist ja furchtbar!

Barrenreck.

Was will denn die alte Hex da? Fort mit ihr. (macht sich an sie, sie gibt ihm eine Ohrfeige, er schlägt sie.)

Die Balgerei wird allgemein, bis Alle hinfallen. Casperl steht auf, singt:
Turnerei
Frank und frei,
Alleweil,
Wünsch Gut Heil!

Ende.

Casperl wird reich.

Schicksalsdrama in vier Aufzügen.

Personen.

Casperl Larifari
Grethl, dessen Frau.
Schneider Knöpfl.
Ein Polizeidiener.
Frau Schnipflhuber.
Madame Stimpferl.
Frau Moosmayerin.
Ein Schusterbube.
Ein Kaminfeger.
Ein Gespenst ohne Kopf.
Ein Kater.

I. Aufzug.

Zimmer. Nacht.

Casperl sitzt bei einem Krug Bier am Tisch. Leuchter auf dem Tisch.

Casperl.

Jetzt sitz ich schon in die Nacht hinein da. Die Grethl ist schon lang in's Bett. Mir ist's seit einiger Zeit so melancholisch-philosophisch. Ich weiß nit, werd' ich gscheit oder werd' ich dumm. Die Leut sagen oft: »Aber der Casperl ist ein dummer Kerl.« Und wenn sie das von mir sagen, nachher mein' ich immer, ich bin eigentlich gscheiter als sie. Und wenn's bisweilen heißt: »Aber der Casperl ist doch ein rechter Pfiffikus,« nachher komm' ich mir erst recht dumm vor. Gscheit oder dumm – – das Gscheitst wär halt doch, wenn ich recht viel Geld hätt' und ich glaub', das denken andere Leut auch. Und die aber recht viel Geld haben, die wißen gar net, was sie mit ihrem Reichthum anfangen sollen. Probiren möcht ichs doch a mal, aber vor der Hand ist keine Aussicht dazu und eigentlich gehts mir a bissel passabel miserabel. Wenn ich der Doktor Faust wär, hätt ich mir schon längst den Teufel citirt, daß er mir a paar Jahrln aushelfet mit eim Sack voll Ducaten. (Ein heftiger Schlag an die Thüre.) Schlipperment! (aufrumpelnd.) Was ist das? Es wird mich doch der Teufel net ghört haben? (Ein zweiter Schlag.) Pumps dich, das ist kein Gspaß mehr. Herr Jemine, Herr Jemine! Alle guten Geister! (Dritter Schlag. Casperl fällt um.)

(Die Thüre geht mit Geraßel auf. Weiß verhüllt erscheint ein Gespenst, welches seinen Kopf unter dem Arm trägt.)

Gespenst (mit hohler Stimme.)

Casperl, Casperl! Du hast mich citirt.

Casperl.

Was, ich dich klistirt?

Gespenst.

Du hast den Teufel hergewünscht und der hat gerad nicht Zeit, weil er seine Hörner beim Repariren hat und da hat er mich geschickt.

Casperl.

So? Das ist nit übel! aber eigentlich mag ich weder mit'm Teufel selber, noch mit seinem Compagnon Was zu thun haben. Ich hab nur so einen kleinen Monolog gehalten, damit die Commödie ein' Anfang hat.

Gespenst.

Nichts Commödi. Halt's Maul und vernimm, was ich dir sagen werde.

Casperl.

Mir ist's recht, wenn mir nur nichts gschieht.

Gespenst.

Es geschieht dir Nichts, aber eigentlich geschieht dir doch Etwas. Höre, höre, höre! Ich bin ein Geist.

Casperl.

Du bist ein Geist und tragst dein' Kopf unterm Arm!

Gespenst.

Ja, weil ich vor hundert Jahren geköpft worden bin.

Casperl.

Pfui Teufel, das ist ja abscheulich!

Gespenst.

Ja, es ist abscheulich und gräulich! aber ich habe jetzt schon in Feuer und Flammen hundert Jahre lang brennen müßen und kann noch erlöst werden von der ewigen Verdammniß. Wenn du den Muth dazu hast, so kannst du mich von meinen Qualen befreien.

Casperl.

Muth? Das ist soviel wie Kouraschi; nein, das ist nicht meine schwache Seiten. Von mir aus kannst du noch hundert Jahr schwitzen; das wird dich nit umbringen.

Gespenst.

Wehe, wehe, wehe! Höre und sei barmherzig zu deinem Glück. Ich war ein großer Räuber und man hat mich den »schwarzen Waldjackel« geheißen. Ich habe Straßen und Wälder unsicher gemacht mit meiner Bande, aber endlich wurde ich erwischt, als ich gerade einen geraubten Sack Ducaten unter dem Galgen vergraben hatte, wo ich ihn am sichersten geglaubt. Da hat man mir kurzen Prozeß gemacht und ich wurde bei einer großen Zuschauermenge geköpft. Von diesem unangenehmen Ereigniß an muß ich des Nachts als Gespenst mit meinem Kopf unter dem Arm herumwandern und Tags über schmachte ich in den höllischen Flammen. O Casperl, da wird Einem heiß!

Casperl.

Was gehen mich deine Hitzen an, du kopfloser Geist?

Gespenst.

Wenn du nicht willst, so dreh' ich dir den Kragen um! Prrrr! (fährt auf Casperl los.)

Casperl.

Halt a bißl! Vielleicht läßt sich doch was machen.

Gespenst.

Morgen Nachts zwischen 11 und 12 Uhr, zur bekannten Geisterstunde begib dich auf den Galgenberg, der schon lang nicht mehr gebraucht wird, weil die Verbrecher jetzt incognito vor einer geheimen Commission geköpft werden. Dort unter der alten Mauer klopfe dreimal mit einem Grabscheit an und sprich dabei:
    Aufgemacht, aufgemacht!
    In dieser Nacht
    Komm ich zu erlösen
    Die Guten und die Bösen.
    Es ist Zeit,
    Der Uhu schreit!

Casperl.

Ja wart' a bißl, bis ich den Vers auswendig kann, und nachher: bei der Nacht auf die Galgenstatt? Da könnt ich mich hübsch verkälten.

Gespenst.

Aber, wenn du den Spruch gesprochen, so wird eine Flamme aus dem Gemäuer sprühen und du wirst den Sack mit 1000 Ducaten finden, den ich damals vergraben habe. Dann werde ich erlöst sein und darf meinen Kopf wieder aufsetzen. Lebe wohl. Gehorche mir, sonst erscheine ich dir alle Nacht zu dieser Stunde! (verschwindet unter Donner und Getös.)

Casperl.

Prrrrr! Das war eine unangenehme Converschnation mit dem abscheulichen Kerl da! Was fang ich jetzt an? Ich bin in einer saubern Pradutsch! Aber 1000 Ducaten sind auch nicht zu verachten! weiß ich kaum, wie nur Einer aussiecht. Ich hab bisher nur mit Sechser und Groschen ausbezahlt und die Gulden bin ich schuldig blieben. Wenn ich's aber nicht thu, was er begehrt hat, reißt er mir vielleicht auch'n Kopf ab, weil er kein' mehr hat. Ich geh' in's Bett, verschlaf meinen Schrecken, und morgen früh werd ich meinen Beschluß faßen. Wie heißt jetzt das Sprüchl da?
  Aufgemacht, aufgemacht –
  Wünsch gute Nacht –
  Wünsch gute Nacht– –
(Geht zur Seitenthüre ab. Der Vorhang fällt.)

II. Aufzug.

Schlechtes Zimmer mit Meubel, Geräthschaften, Flaschen, alten Büchern etc. gefüllt.

Die alte Moosmayerin sitzt in einem Lehnstuhle an einem Tischchen, ein schwarzer Kater zu ihren Füßen. Auf dem Tische Karten, Kaffeegeschirre etc.

Moosmayer (den Kater am Kopfe kratzend.)

Gelt, das hast gern, mein alter Peter, wenn ich dich am Köpfl kratz?
(Kater spinnt und murrt wohlgefällig.)
Wie lang hausen wir jetzt schon miteinand? Schon an die zwanzig Jahrln; gelt Peterl?
(Kater murrt. Es wird an die Thüre geklopft.)
Hab' ich schon wieder kein Ruh? Heh, Peter, schau a bißl, wer's ist.
(Kater geht an die Thüre bei abermaligem Klopfen. Der Kater öffnet die Thüre von Innen. Casperl tritt ein. Der Kater legt sich zur Moosmayer.)

Casperl.

Verzeihn'S! bin ich am rechten Ort?

Moosmayerin.
Ja, wo habn'S denn hinwollen?

Casperl.
Zur Frau Moosmayerin.

Moosmayerin.
Da sind Sie schon am rechten Ort. Was verschafft mir die Ehre?

Casperl.
Die Ehre ist meinerseits. Ich hätt mir gern einen guten Rath bei der weisen Frau geholt.

Moosmayerin.
Den können'S haben. Soll ich Ihnen vielleicht Karten schlagen? Das kost't 1 Gulden 12 Kreuzer.

Casperl.
Nein, weise Frau. Ich hätt' andere Schmerzen.

Moosmayerin.
Haben'S eppa die Gicht oder Zahnschmerzen? Da kann ich auch helfen.

Casperl.
Gottlob nein; ich bin so ziemlich wohlauf, aber es betrifft eine Schatzgraberei.

Moosmayerin.
Oho! Das ist ein schweres Stück Arbeit. Aber wißen'S! ich kenn Sie nicht und wenn die Polizei was erführ' – –

Casperl.
Da dürfen'S ganz sicher sein, Frau Moosmayerin; Polizei fürcht' ich selber, denn ich bin schon oft genug decretirt worden. Kurz und gut: Mir ist ein Geist im Traum erschienen, der gern erlöst sein möcht' und der hat mir einen Schatz versprochen, wenn ich ihm dazu verhelf', daß er erlöst wird.
(Der Kater knurrt.)

Moosmayerin.
Sei stat, Peterl! – Sehen'S, mein Peter gibt Laut; da muß schon was derhinter sein. Wie hat denn der Geist ausg'schaut?

Casperl.

Einen weißen Schlafrock hat er angehabt und sein Kopf hat er unter'm Arm tragen.

Moosmayerin.

Das könnt schon der rechte sein. Die Geister kenn ich alle. Warten's e bißl, da darf ich nur in meim Register nachschlagen. (schlägt ein großes Buch auf, das vor ihr auf dem Tische liegt und blättert darin.) Wischi Waschi, Mischi Maschi, Tritschi tratschi, Wixi waxi, schnuri muri, wo bist?
(Der Kater springt auf das Buch.)
Aha! Hab'n wir ihn schon! Das ist der Waldjackel, der vor 100 Jahren ist geköpft worden. Das ist ein solider Geist, dem darf man schon trauen.

Casperl.

Ah, ah! Das ist aber ungeheuer, Frau Moosmayerin! Wie's nur möglich ist?

Moosmayerin.

Ja gelt'ns! Ich war a mal eine Somnambül und ¾ Jahr beim Herrn *Dr.* Justinus Kerner in Diensten. Da hab' ich die Geister alle gelernt; denn Der hat's nur so am Schnürl ghabt. Nun, was hat Ihnen denn der Waldjackel gesagt?

Casperl.

Unter der alten Galgenstätt läg' ein Sack mit Dukaten und wenn ich bei der Nacht 'nausging und thät'n heben, so wär er erlöst; aber ich hab' das Sprüchl vergessen, das ich dabei sagen soll. Jetzt bin ich freilich petschirt.

Moosmayerin.

Nix petschirt! wenn'S mir 20 Ducaten versprechen, will ich Ihnen gleich helfen.

Casperl.

Ah, das wär aber gscheit.

Moosmayerin.

So warten'S nur a wenig. Ich will mein Sach gleich holen. (steht auf und geht durch die Seitenthüre ab.)
(Casperl allein mit dem Kater, der einen Katzenbuckl macht, den Schwanz hinausstreckt und brummt.)

Casperl (für sich.)

Das is aber ein abscheuliches Vieh. (Kater brummt und geht auf Casperl los.) No, no, machen's keinen Gspaß, Herr von Kater. Sie sind ja ein charmantes Thierl, ein allerliebstes Dingerl. (Kater schmiegt sich an Casperl.)
(Moosmayerin kömmt wieder herein, einen mit schwarzen Symbolen bemalten Zaubergürtel in der Hand.)

Moosmayerin.

So, da hab'nS jetzt, was S'brauchen. Diesen magischen Gürtel will ich Ihnen leihen, aber ich muß schon um Ihren verehrten Namen bitten und um fünf Gulden Caution.

Casperl.

Ich heiße Caspar Melchior Balthasar Larifari, Privatier, und logire im Schneckengaßl Numero 13 über fünf Stiegen hinten naus zu ebener Erd.

Moosmayerin.

Ja mein – das freut mich ungemein, Ihnen dienen zu können; dem Namen nach hab ich schon lang die Ehr, zu kennen.

Casperl.

Ghorsamer Diener, ghorsamer Diener, bitt recht sehr.

Moosmayerin.

Schon gut; jetzt nehmen Sie den Gürtel, hängen' S'n beim Schatzheben um, und sagn'S nur dabei: »beim Gürtel des großen Holofernes, erscheine!« nachher haben'S ihn.

Casperl.

Den Holofernes?

Moosmayerin.

Nein, den Schatz.

Casperl.

Bravo! Das ist keine Kunst! – Da haben'S die 5 Gulden, Frau Moosmayerin, und die 20 Dukaten bring ich nachher schon.

Moosmayerin.

Gut, Herr Casperl. Kann ich vielleicht noch mit einem Schalerl Kaffee aufwarten?

Casperl.
Dank' unterthänigst? ich hab den mein grad z'Haus getrunken. Wenn'S erlauben, so empfehl' ich mich.

Moosmayerin.
Wie's Ihnen beliebt. Aber ps! ps! Nur still, geheimgehalten! Sonst erwischt uns die Polizei und wir kommen Alle zwei vor's Schwurgericht; und denken's nur – Alle meine Kundschaften! Das wär eine schöne Gschicht! – Da wären die vornehmsten Personen compromittirt, die sich bei mir Karten schlagen lassen.

Casperl.
O ich versteh, ich versteh, Frau Moosmayerin. Sie können ganz ruhig sein. Hab die Ehre. (geht ab.)

Moosmayerin (setzt sich wieder auf den Lehnstuhl.)
Komm, Peterl, laß dich a bißl kratzen.
(Kater springt auf ihren Schoos. Vorhang fällt.)

Verwandlung.
Die alte Galgenstätte, mit zerfallener Mauer.
Reste eines Galgens sind noch sichtbar.

Nacht. Vollmond mit komischem Gesicht am Himmel. Es pfeift der Wind unheimlich. Gespenster in weißen Schleiern schweben um den Galgen und singen in monoton schauerlichem Tone den Chor:

Auf und ab schweben wir,
Her und hin, dort und hier;
Weil wir in der Nacht so hupfen
Haben immer wir den Schnupfen.
Hui, hui!

Hui, der Wind pfeift fürchterlich
Und der Mond grinst schauerlich;
Und wir arme Nachtgespenster,
Wir logiren ohne Fenster,
Hui, hui!

Hätten wir nur einmal Ruh'!
Barfuß fliegen ohne Schuh,

Ach, wie friert uns an den Füßen!
Schnell nur hinter die Coulissen!
Hui, hui! (schweben ab.)
(Raben flattern umher, es schlägt mit dumpfer Glocke 11 Uhr.)
Casperl, den Zaubergürtel umgehängt, eine Laterne in der Hand, tritt mit großen Schritten aber furchtsam auf.)

Casperl.

Furchtbare Nacht! Schauerlicher Ort, wo das Verbrechen gestraft ward. Wenn mich die alte Hex angeführt hat, so sind meine fünf Gulden beim Teufel. Prrrr! mich friert's, ich gib, glaub ich, kein Tropfen Blut vor lauter Kurasch. Muth, Muth! Caspar! Es gilt! Wenn mir nur nicht das Licht in der Latern ausgeht; auf den Mond kann man sich gar nit verlassen. Der schneidt auch heut so ein saures Gsicht, als wenn er nicht vom besten Humor wär.
(Lautes Lachen des Mondes oben: »Ha, ha, ha.«)

Casperl.

Oho! wer lacht denn da? – Alles still. Das war vermuthlich so eine Art Echo da hinten wo herauf. Also jetzt zum Werke! Dort ist die alte Mauer, es überfällt mich ein Schauer.
Holofernes, Holofernes erscheine!
Bei diesem Zaubergürtel,
Bei des Mondes Viertel,
Erscheine!
Der Mond verdunkelt sich; ungeheurer Donnerschlag; aus der alten Mauer sprühen Flammen empor. Casperl stürzt zu Boden.
Der Vorhang fällt rasch.

III. Aufzug.

Stadt. Aus dem Hause (linke Coulisse) schaut Casperl zum Fenster heraus.

Frau Schnipflhuber, einen Korb am Arme, Madame Stimpferl, sich begegnend.

Madame Stimpferl.

Ein guten Morgen, Frau Schnipflhuber. Wo kommen denn Sie schon in allerfruh daher?

Frau Schnipflhuber.

Ein' recht gut Morgen, Madame Stimpferl! Sind Sie auch schon auf die Füß! Ja, ich komm grad vom Markt und vom Metzger her; hab ein halbs Pfund Kalbfleisch gekauft zu ei'm Eingmachten für mein' Mann.

Madame Stimpferl.

Für Ihren Herrn Gemahl? Muß der so was Extrigs haben? Schau, schau!

Frau Schnipflhuber.

Ja, ebbes Weichs; er ist nit ganz wohlauf, weil er sich a bisl verkält' hat, wie er vorgestern auf Commission war.

Madame Stimpferl.

Ei, was Sie sagen? Ja, jetzt kann man sich leicht erkälten, bei dem unbständigen Wetter. Aber es ist beinah Nichts mehr zum kaufen vor lauter Theuerung, gelten's Frau Schnipflhuberin?

Frau Schnipflhuber.

No, wem sagn's denn d a s ? Es thät noth, daß man einen jeden Pfenning abwieget. Mein Mann ist doch Sekretär, aber mit seim Ghalt können wir wirklich nicht mehr auskommen.

Madame Stimpferl.

Ich glaub's gern. Was soll aber erst i c h sagen, als Wittib mit meiner kleinen Pension und meine fünf Hund?

Madame Stimpferl.

Was? haben's jetzt nur mehr f ü n f e ! Sonst hab' ich ja alleweil sechse mit Ihnen spazieren gehen sehen.

Madame Stimpferl (weinend.)

Ja, mein Joli ist mir ja im letzten Kindbett drauf ganga, das liebe Thierl!

Frau Schnipflhuber.

O das bedaur' ich ungemein! – Sie apropos wo nehmen Sie jetzt Ihren Caffée? Beim Kaufmann Schnautzlberger wird er jetzt so schlecht.

Madame Stimpferl.

Ich nehm' den mein beim Materialisten in der Sterngassen, das Pfund dreißig Kreuzer und bin recht zufrieden damit; aber Sie brennen ihn vielleicht zu stark. (sieht Casperl am Fenster) halblaut: Sie, da schaugn'S 'nauf, aber daß er's nit merkt. Da schaugt er grad zum Fenster raus.

Frau Schnipflhuber.

Was denn? wer denn?

Madame Stimpferl.

Nun, der Herr Casperl. Der kann sich jetzt wohl sein laßen.

Frau Schnipflhuber.

Was? Der Herr Casperl? – Der die große Erbschaft gemacht hat, wie's in der Stadt heißt.

Madame Stimpferl.

Mehrere Hunderttausend Gulden!

Frau Schnipflhuber.

Ja, über 300tausend! – Aber, Sie Madame Stimpferl; ich hab's ganz anders ghört?

Madame Stimpferl.

Was haben's gehört?

Frau Schnipflhuber.

Ps! Ps! Nur still! Einen Schatz hat er gfunden.

Madame Stimpferl.

Was Sie sagn! An Schatz? Nein! Das Glück aber –

Frau Schnipflhuber.

Schaugen'S nur nit um; er soll furchtbar grob sein, seit er so viel Geld hat.

Madame Stimpferl.

Ja, das ist schon möglich.

Frau Schnipflhuber.

Aber jetzt muß ich nach Haus, es ist höchste Zeit; ich muß das Fleisch zusetzen, sonst wird's mir nimmer weich, für mein Alten. Wünsch recht gut Morgen.

Madame Stimpferl.

Ja, ich muß zu meine Hundeln, damit's ihren Caffée kriegen. Die armen

Dingerln wird's schon elend hungern. No, ich hab' die Ehre. Mein Compliment an Herrn Gemahl. (zu beiden Seiten ab.)

Casperl (am Fenster.)

No! Was werden jetzt die Scharteken wieder zsammen geplauscht haben? Da hätt nur meine Grethl noch gfehlt. Das wär' das rechte Trifolium gewesen. Aber der schöne Morgen! So angenehm! Und das süße Bewußtsein des behaglichen Wohlbehagens! Privatier! Rentier! – – Auweh! wen sieh ich da um's Eck herum kommen? Das ist ja der Schneidermeister Knöpfl, dem ich noch meinen neuen Frack schuldig bin.

(Schneider K n ö p f l tritt ein.)

Knöpfl.

Ah guten Morgen, Herr von Larifari. Hab' die Ehre. Schon so früh auf?

Casperl.

Ghorsamer Diener, Herr Knöpfl. Sie messen vermuthlich einem Jemanden Hosen an?

Knöpfl.

Jawohl, jawohl; aber ich weiß einen Jemand, der mir einen gewißen Frack noch schuldig ist.

Casperl.

Wenn das Anspielungen sein sollen, so muß ich mir dergleichen verbitten.

Knöpfl.

Ja, und ich möcht' schon bitten, daß Sie mich einmal bezahlen.

Casperl.

Was? bezahlen, bezahlen. Eine solche Lumperei! Ha, ha, ha! Da hab ich andere Leute noch nicht bezahlt, als solch einen Schneider! Mäh, mäh, mäh!

Knöpfl.

Herr Casperl, ich muß schon bitten.

Casperl.

Ha, bitten'S so viel Sie wollen. Sie sind und bleiben halt doch ein S c h n e i d e r .

Knöpfl.

Wenn Sie mich allenfalls beleidigen wollen, so sind Sie ein grober Kerl und sammt Ihrem Geld doch der alte Schuldenmacher.

Casperl.

Was grober Kerl? Schuldenmacher? Warten Sie nur – –

Knöpfl.

Ich werde Sie wegen Ehrenbeleidigung und Standesverletzung verklagen.

Casperl.

Verklagen? – Sie miserable Schneiderseele?

Knöpfl.

Wie? was? Das ist impertinent! Das ist zu arg!

Casperl.

Warten'S nur ein wenig! Ich werde Sie gleich auszahlen! (schüttet einen Nachttopf hinunter auf den Schneider aus.)

Knöpfl.

Infam! schändlich! schändlich! He! Polizei! Gendarm! – – (läuft ab.)

Casperl.

(Ungeheuer lachend.) Ha, ha, ha! diesen Gläubiger habe ich expedirt. Ich seh gar nit ein, warum ich die Leut bezahlen soll? Dazu Hab ich mein Geld net. Wär nicht übel! (Schlägt's Fenster zu und zieht sich zurück.)

Schusterbub tritt ein, ein paar Stiefel in der Hand und ein großes Papier, singt

I bin a lustiger Schusterbu',
Und hab den ganzen Tag kein' Ruh,
Zu laufen hab ich immerfort,
Bald bin ich hier, bald bin ich dort.

In aller Früh heißt's: »Bua, heiz' ein,
Hol' d' Milch und mach dich auf die Bein;
Jetzt lauf nur gleich um Stiefelschmier
Und hol' für d' Gsell'n a paar Maß Bier.«

Mittags trag Schuh und Stiefl ich aus
Und lauf von ein'm in's ander Haus –
Doch komm mit einem Conto ich,
Da schimpfen's mich glei fürchterlich.

Da hab' ich schon wieder eine sogenannte Schuhmachermeisterrechnung für den Herrn Casperl von Larifari, Jetzt bin ich schon das siebentmal da; wenn er aber heut net zahlt, nacher – –

Casperl tritt aus dem Hause. (Er hat einen großen Portierhut auf, breites Bandelir und Stock mit großem Knopf darauf.)

Casperl.

Was hat Er da zu plären? der Herr von Larifari will Ruh haben vor seinen Fenstern. Marsch!

Schusterbub.

Nix marsch, Herr Portier! Ich muß zum Herrn Casperl.

Casperl.

Was untersteht Er sich zum Herrn von Casperl zu wollen, der schlaft noch.

Schusterbub.

Das geht mich nichts an. Wecken S'n halt auf. Ich hab von meinem Herrn an Conto. Der Herr Casperl könnt schon einmal zahlen, 's wär Zeit, laßt mein Herr sagen.

Casperl.

Was? zahlen? – hier hast du einstweilen eine Abschlagzahlung. (Prügelt den Schusterbuben.)

Schusterbub.

Auweh! Auweh! – (Läuft davon.)

Casperl.

Das ist die beste Manier zum Auszahlen? Juhe! Schlipperdibix! – Die Erfindung, die ich gemacht hab, ist schon großartig, als mein Portier vor meinem Logie zu stehen. Ha! da kann man grob sein! Den Hut, das Bandelier und den Stock hat mir der Portier vom russischen Gesandten geliehen, weil sein Herr auf'm Land ist. Ein charmanter Mann, der russische Portier; ich hab' im blauen Bock seine Bekanntschaft gemacht; denn

Dieser Portier
Liebt auch das Bier.

Kurz und gut: wenn Jemand zu mir will und besonders, wenn dieser Jemand mir verdächtig scheint, wie der eben hinausbezahlte »Schusterjunge«, – so sagt mein Portier, das heißt: ich, incognito als mein Portier; (hoch-

_{deutsch)} die Herrschaft ist nicht zu Hose. Wollen Sie gefälligst Ihre Spielkarte abgeben: den Schellnober oder den Eichelzehner oder was Sie sonst bei der Hand zu haben beluben, oder zu beluben haben, huben, hiben, hüben, heben br br und so weiter.«

Oho! was erblucke ich? Von ferne her seh ich einen Poluzeidiener schwöben. Sollte dieser muserable Frackanfertiger, diese elende Schneiderseele mir etwa Unannehmlichkeiten zu bureiten Gulegenheit genommen haben? Pfui Teufel! Das wäre gemein! ja mehr als gemein! es wäre gewöhnlich! Muth und Verstellung! er komme!

Polizeidiener (tritt ein.)

(Für sich.) Der Casperl macht ein'm doch alleweil zu schaffen. Jetzt hab' ich 'n, glaub ich, das Monat schon zwanzigmal auf die Polizei citiren müssen und er ist aber niemals kommen. Der ist gscheit. Aber dießmal, nach dieser Schneiderehrenkränkungsgschicht wird man Ernst machen müssen. Ich werde meine Amtsgewalt geltend zu machen wissen. Ah! mir scheint, das ist sein Portier. Der Casperl – und ein Portier? Nun, 's Geld macht oft die Leut zum Narren. (Zu Casperl.)

Sind Sie vielleicht Portier des Herrn Casperl?

Casperl.

Vui, Vui! je suis portmonaie.

Polizeidiener.

Wie, gar ein Franzose, etwa?

Casperl.

Je, Vui, Vui, parlez vous francais?

Polizeidiener.

Versteh'n Sie gar nicht deutsch? sind Sie also Stockfranzose.

Casperl.

Stock, Stock, vui, vui! nix deutsch.

Polizeidiener.

Aber wie ist es dem Herrn Casperl eingefallen, einen französischen Portier zu halten?

Casperl.

Stock, Stock, Stock.

Polizeidiener.

Ich habe nichts mit Ihrem Stock zu thun. Ich muß zu Herrn Casperl, weil ich ihn zu arretiren habe. Laßen sie mich in's Haus.

Casperl.

Bon, bon, bon, Mosieur, kommet, kommet. (Geht mit ihm an die Thür, läßt ihn ein und sperrt von Außen zu.) So, jetzt ist der Polizeivogel gefangen! Juhe! Juhe! die Portierstell' ist einträglich.

Polizeidiener (schreit zum Fenster heraus.)

Heda! – schändlich! das ist ein Verbrechen gegen die Staatsgewalt! Sperren Sie auf unten. Herr Casperl ist oben nicht zu finden.

Casperl (mit ungeheuern Complimenten.)

Vui, Vui! Der Herr Casperl ist halt unten, wenn er nicht oben ist. So, bleiben Sie nur ein wenig oben, ich will einstweilen in's Wirthshaus gehen und mit dem russischen Portier ein paar Maß genießen. (Ab.)

Polizeidiener (oben aus dem Fenster.)

Heda! heda! halt! halt! Jetzt bin ich in's Haus gesperrt! Heda! – –

Grethl (mit einem Korb.)

Ja, wer schreit denn so fürchterlich bei uns im Haus?

Polizeidiener.

Madame Casperl! um's Himmelswillen, da schaun's her. Ihr Mann hat mich eingesperrt. Machen's nur auf und kommen's herauf.

Grethel.

Nein, das ist doch zu arg, was doch mein Mann Alles anfangt! Aber er hat ja den Hausschlüssel mitgenommen. Ich kann selber nicht hinein.

Polizeidiener.

Da suchen Sie eine Leiter zu bekommen. Ich muß hinunter! ich muß hinaus! sonst verlier' ich meinen Dienst, weil ich so blamirt bin.

Grethel.

Da geht grad der Rauchfangkehrer um's Eck. Der kann uns mit seiner Leiter aushelfen (ruft hinaus.) Heda! Herr Rauchfangkehrer! Da kommen's her. (Kaminfeger mit Leiter tritt ein.)

Kaminfeger.

Was wolln'S denn?

Polizeidiener.

Sie kennen mich ja, Herr Schwarzmaier! Ich bin hier oben eingsperrt. Helfen's mit der Leiter aus, nachher kann ich heruntersteigen.

Kaminfeger.

Das ist aber curios, daß jetzt der Herr Polizeidiener auch selber eingsperrt ist!

Polizeidiener.

Nun, Herr Schwarzmaier, sind Sie doch so gut und lehnen Sie die Leiter an, damit ich hinuntersteigen kann.

Kaminfeger.

Ei? meinen Sie? Da wird nichts daraus. Neulich, wie Sie mich arretirt haben, weil ich ein bißl zu lustig war, da waren's nicht so höflich wie heut. Sie sind mir gut da oben. Jetzt wissen Sie auch einmal was vom eingsperrt sein. Guten Morgen. (ab.)

Polizeidiener.

Bleiben Sie doch!

Grethl.

Herr Schwarzmaier! Herr Schwarzmaier!

Kaminkehrer.

(hinter der Scene.) Nix, nix, da! (singt.)

Polizeidiener.

Aber Madame Casperl! Ich bin in größter Verlegenheit!

Grethl.

Was fangen wir denn an? Ich kann doch die Hausthür nicht einrennen und ich wär auch nicht stark genug.

Polizeidiener.

Thut Alles Nichts! Ich muß hinaus. Haben Sie keinen Strick im Haus, da könnte ich mich hinablassen.

Grethl.

Das ist ein guter Gedanken. In der Küch liegt das Seil zum Waschaufhängen. Das könnens brauchen.

Polizeidiener.

Gut, gut! (verschwindet vom Fenster.)

Grethl.

Nein die Verlegenheit; es ist zu arg.
(Polizeidiener erscheint am Fenster und wirft den Strick herab.)
Jetzt wirds gehen!

Grethl.

Nein das ist gefährlich! Da kann ich net zuschauen! Wenn Ihnen was geschäh': das kann ich nicht ansehen; ich müßt' in Ohnmacht fallen. (geht ab mit einem Schrei. Polizeidiener steigt aus dem Fenster.)

Der Vorhang fällt rasch.

IV. Aufzug.

Straße wie vorher.

Polizeidiener hängt an einem Strick vom Fenster herab. Casperl wieder im gewöhnlichen Anzug ohne Portierabzeichen kömmt von der andern Seite herein, etwas benebelt.
singt: **Rala, rala etc.** (sieht den Polizeidiener.) **Oho! da hängt Einer! Ein Dieb? Ein Spitzbub, der bei mir kripsen hat wollen? Ah! jetzt fallts mir ein. Das ist ja gar der Polizeidiener!** (zupft ihn an den Beinen.) **Mir scheint, der hat sich erhängt! O du unvorsichtiger Selbstmörder!** (reißt wieder an den Beinen.) **Kein Löbenszeichen!** (reißt wieder, wobei der Strick abbricht, der Polizeidiener herabfällt und Casperl auch hinpurzelt.) **So, jetzt liegen wir da!** (rüttelt an ihm.) **Der is maustod, aber** (feierlich.) **ich habe koinen Theil an diesem Verbrechen.** (weint.) **So mußte ein Organ der ausübenden Gerechtigkeitspflege des Staates enden? Dieser Ehrenmann! 'Raus damit, in irgend einen Abgrund, sonst bekomm' ich Fatalitäten.** (wälzt ihn hinter die Coulissen, kömmt gleich wieder hervor, Grethl händeringend tritt ein von der andern Seite.)

Grethl.

Casperl! Casperl! – Was hast du angfangen? Schrecklich!

Casperl (tragisch.)

Ha! Weib! – – Er fiel schuldlos! Er unterlag dem ungewöhnlichen Schicksal eines Polizeidieners! Ruhe seiner Asche! – (im gewöhnlichen Tone.) Grethl, was fangen wir jetzt an? Auf d' Letzt kommt die Gschicht auf; der Verdacht einer Morithat fällt auf uns. Man wird sagen: wir haben den Edlen abgemuxt! (tragisch) Laß uns fliehen! – Ich meinerseits flücht' mich ins Wirthshaus und versteck mich hinter einem Maßkrug. Du kannst hingeh'n, wo du magst.

Grethl.

Ei was nit gar! Wir sind unschuldig und da kann uns nichts geschehen. Ich geh' hinauf und koch' unsere Leberknödel.

Casperl.

Das ist gscheit. Bis ich vom Wirthshaus heim komm', sind die Knödel geknödelt. Juhe! – Addio! Auf Wiedersehen. (ab. Grethl ab in's Haus.)

Verwandlung.

Gefängniß.

(Nur von einer Lampe erleuchtet)

Casperl.

Jetzt hab'ns mich doch erwuscht. Wieder eine unangenehme Catustrophe meines Lebens! Die Leiche des Politivs wurde gefunden mit dem Strick um den Hals. Das andere Trumm an meinem Fenster. Diese verdächtigen Inspizien gaben Veranlassung, daß man sich meiner Person, die gerad im »blauen Bock« saß, versicherte und criminalisch tractirt. Ha,

> Der Politif hat sich erhangen,
> Und ich sitz' hier gefangen!

Das ist aber die alte Gschicht: bin ich nicht im Wirthshaus, so bin ich auf der Polizei! berlicke, berlacke! Eigentlich ist das unterhaltlich. Aber ob's dießmal gut ausgeht: »das ist die Quetschenbrüh« – sagt der Hamlet in der Zauberflöten.
Brüllt: Ihr Geister! helft mir aus der Sauce! in die Ihr mich eingetaucht habt! Du vermaledeiter Kerl ohne Kopf! Du langweilige Erscheinung! Wenn ich

dich durch meinen Schatzgraben erlöst habe, wenn du deinen dummen Schedl wieder auf deinem Hals hast – so erscheine! –
(Donnerschlag. Unter Flammen erscheint das Gespenst vom ersten Act hat den Kopf wieder auf.)

Gespenst.

Hier bin ich! bin ich!

Casperl.

Ah! Ah! – Das laß ich mir gefallen. Du bist einmal ein ordentlicher Geist. Allen Respect! und wie ich seh', hast du auch deinen Hirnkasten wieder am rechten Fleck.

Gespenst.

Ja! Du hast mich erlöst. Nun brauch ich mich vor meinen Collegen nicht mehr zu schämen. Ich muß nur noch eine kleine Zeitlang nachtwandeln, bis ich meinen Kopf wieder ordentlich tragen kann und ich 'n gewohnt bin. Dann schwebe ich in andere Sphären, von der irdischen Last befreit; denn ich habe meine Verbrechen abgebüßt.

Casperl.

Bravo, das freut mich ungemein. Aber wie steht's mit m i r?

Gespenst.

Auch du bist befreit. Der Polizeidiener war nur scheintodt und hat sich bereits auf der Polizei wieder zum Dienst gemeldet. Deine Tugend ist belohnt! Lebe wohl! (Verschwindet unter Donner.)
(Casperl fällt um.)
(Der Kerker verwandelt sich in einen beleuchteten blumenreichen Garten, Tableau: Casperl kniet in der Mitte. Der Polizeidiener krönt ihn mit einem Lorbeerkranze. Auf der andern Seite Grethel in schwebender Stellung. Festliche Musik dabei.)

Der Vorhang fällt langsam.

Ende.

Der Zaubergarten.

(Zwischenspiel.)

Personen.

Pomologus, Gartenbesitzer.
Apfelsina, dessen Tochter.
Professor Kräutlmayer, Botanicus.
Casperl, dessen Diener.

Zaubergarten.

Garten, reich an Blumen und fruchttragenden Obstbäumen. Springbrunnen.

Pomologus (einen Spritzkrug in der Hand). Apfelsina.

Pomologus.

Siehst du, liebe Tochter, wie das Alles unter unserer Pflege gedeiht! Wie diese Fritiallaria herrlich blüht! (Ein großer Schmetterling, gelber Zitronenvogel, fliegt auf.) Unverschämter Bursche! Hast dich wieder satt gefressen? Hast du doch die Rosen gut aufgebunden, Kind? Die Theerose dort wird prachtvoll.

Apfelsina.

Ich versäume nichts, lieber Vater. Du weißt ja, wie ich die Blumen liebe.

Pomologus.

Bleibe nur bei den Blumen; von den Männern – das weißt du – halte dich ferne. Mir soll Keiner an dich kommen. Du bist meine Tochter, du sollst bei mir bleiben; ich will nichts von einer Heirath wissen. Du mußt mich pflegen, wenn ich einmal gebrechlich werde. Ich bin zwar nicht mehr jung – denn 70 Jahre sind ein passables Alter – allein der Duft der Blumen erhält mich und stärkt mich; und wenn ich einmal sterben muß, so legt mich unter die Centifolia; bei ihr will ich meine Seele aushauchen.

Apfelsina.

Du sollst und wirst noch lange leben, theurer Papa.

Pomologus.

Hat mein Prognosticon nicht gelogen, so werde ich wohl an die 100 Jahre erreichen.

Apfelsina.
O gewiß, gewiß sollst du so alt werden.

Pomologus.
Nun will ich noch die Rhododendren gießen, dann komme ich zum Frühstück hinein. Geh, und streich mir gute Butterbrödchen.

Apfelsina.
Gleich, gleich, Vater. (ab ins Haus.)

Pomologus.
Wunderbares Blumenleben, mit dem ich innig verwachsen bin! Ach! lebte doch mein liebes Weib, die Centifolia noch! Der rauhe Sturm des Lebens hat sie so früh geknickt. In meinen Armen hat sie ihren Duft verhaucht. All' ihre Blätter sanken auf mich und bedeckten mein Herz.

Seit ich sie nicht mehr habe, bin ich selbst wie ein zerknickter Stamm und wenn ich meine Tochter Apfelsina nicht hätte, so würde ich bald verdorren. Darum soll sie auch bei mir bleiben.

Man hört am Hause schellen.

Wer schellt? Vermuthlich ist es wieder Jemand, der meinen Garten besichtigen will. Glaub's gern. Meine geheime magische Kraft macht freilich die Blumen blühen wie nirgend; aber die Lohnbedienten mit den Touristen fangen an, mir lästig zu werden. Ich werde mir künftig alle Besuche verbieten.

Casperl tritt unter Complimenten ein. (Große grüne Botanisirbüchse umgehängt.)

Casperl.
Hab ich die Oehre? den berühmten Hortologen und Apfelhändler?

Pomologus.
Wenn Sie den Pomologus meinen, so sind Sie am rechten Orte.

Casperl.
Ganz gehorsamer Diener, Herr Dromologus.

Pomologus.
Pomologus!

Casperl.
Allerdings, ohne Weiteres.

Pomologus.
Und wen habe ich das Vergnügen bei mir zu sehen? Sind Sie vielleicht Freund der Botanik? Naturkundiger?

Casperl.
O ja. Ich durchforsche sehr die Natur; in jeder Hinsicht und bin Naturspundiger, weil ich's Bier immer am liebsten hab', wenn frisch angezapft wird.

Pomologus.
Dieß ist mir nicht ganz verständlich.

Casperl.
Das kann sein, denn Sie werden auch nicht die Weisheit mit Löffeln gfressen haben. O ja, sehr ja!

Pomologus
(Für sich.) Der Bursche scheint mir nicht bei Trost. (Zu Casperl.) Also – womit kann ich dienen?

Casperl.
Kurz und lang oder lang und kurz – ich bin Fumulus bei dem berühmten Topanicus Professor Kräutlmayer, der mich vorausgeschickt hat, um seine Fusite bei Ihnen anzumelden.

Pomologus.
Ich kenne den Herrn Professor dem Namen nach; soll mich sehr freuen, seine persönliche Bekanntschaft zu machen.
(Für sich.) Wieder so ein Quälgeist!

Casperl.
Wenn Herr Spromoligus erlauben, so werd' ich den Herrn Professor herein holen. (Unter Complimenten ab.)

Pomologus.
Nun schnell zuvor noch zu Apfelsina, ihr zu sagen, daß sie sich nicht blikken lassen soll, während der Professor bei mir ist. (Ab.)

Kräutlmayer, (lächerliche pedantische Person), tritt ein, (spricht berlinerisch.)

Kräutlmayer.
Dieß also nun der berühmte Jarten! Nich übel! Ist mir aber so ziemlich

Nebensache. Es liegt mir vor Allem dran, das hübsche Blümchen Apfelsine, des Alten Töchterchen zu sehen. Das wäre nu so'n Parthiechen für mich. Ich muß nur den Papa 'n bischen kirre machen, damit er in die Falle jeht. Die Tochter will ich schon 'rum kriegen, wenn ich alle meine Reize aufbiete. Er kömmt!

Pomologus.

Herr Professor Kräutelmayer!

Kräutlmayer.

Allerdings! fühle mich außerordentlich bejlückt, Herrn Dr. Pomologus von Anjesicht zu Anjesicht die Ehre haben, kennen zu lernen.

Pomologus.

Bitte sehr! Mir hingegen sehr interessant, Sie bei mir zu sehen.

Kräutlmayer.

Schon beim Eintritte in diesen bezaubernden Jarten, war ich unjeheuer erjriffen. Sie haben ein Paradies jeschaffen! In der That 'n Paradies.

Pomologus.

Was Sie sehen und gut heißen, ist nur das Resultat sorgsamer Pflege. Ich habe Zeit dazu. Ich möchte Ihnen vor Allem meine Serie der Rosen empfehlen.

Kräutlmayer.

O, ganz charmant! welch eine Reihe der schönsten Exemplare! Ich schmeichle mir, in meinem Jarten eine ganz passable Auswahl zu besitzen, allein mit Ihnen kann sich wohl Niemand messen?

Pomologus.

Darf ich Sie einladen, mit mir einen kleinen Rundgang zu machen?

Kräutlmayer.

O vortrefflich, vortrefflich! (Beide ab.)

Casperl (tritt ein.)

Das ist wirklich ein prachtvoller Garten. Die schönen Zwiefel! und die Petersili zu die sauern Erdäpfel! Und einen Rettig, Radi genannt, hab ich mir heimlich in' Sack gesteckt für heut Abend zum Bier. Ach, das wird ein Genuß! – Potz Tausend! die herrlichen Äpfel- und Birnbäume! So hab' ich's aber noch nirgends g'sehen. Da mitten drinnen steht gar ein schöner! Was steht denn auf dem Taferl! (An einem mit großen Äpfeln behangenem Baum ist eine Tafel angebracht, auf welcher geschrieben: »Vor dem Genusse dieser Früchte wird gewarnt.«)

Casperl (tritt an den Baum.)

Wär nit übel? Was steht denn da für eine Dummheit? Oho! das ist nur eine Schikanederie. Da wird man lang fragen! Die Gemeinheit! Alles voller Apfel – und nix davon essen? – Ich hab' einen infamen Durst. Man hat mir nicht einen Tropfen in diesem Hause opferirt, also einfach darauf angewiesen: friß Vogel, wo du kannst! Die Spatzen fragen auch nicht lang und ich bin doch besser als ein Spatz.

(Reißt ein paar Äpfel herunter, tritt zugleich hinter Blumenbuschwerk, aus welchem er mit ungeheueren Eselsohren hervorkömmt.)

Solche Äpfel hab' ich in meinem Leben nicht verschnabolirt! so süß! So saftig! Jetzt muß ich nur schau'n, daß ich noch ein Stückl Brod dazu bekomm'; das wird mir doch Einer von der Dienerschaft spendiren können. (Ab.)

Kräutlmayer (tritt entrüstet ein.)

Ne! das ist denn doch jottlos! Kaum hatte ich 'n bischen anjefangen, auf den Busch zu klopfen wegen der Tochter, ist der Alte wie 'n Krebs roth jeworden, hat mir Jrobheiten jemacht und wir sind so an'nander jerathen, daß ich janz echauffirt bei Seite jetreten bin, bis sich der Alte calmirt haben dürfte. Aber det muß ich jestehen; der Jarten ist reizend. Nich nur die Flora, auch das Obst ist janz charmant. Da muß ich doch nu jleich von den Äpfeln dort 'n bischen versuchen. Det is' ne Jattung, die mir noch nich vorjekommen. (Geht an den Apfelbaum, tritt aus dem Gebüsche ebenfalls mit großen Eselsohren hervor.)

'ne janz neue Gattung! sehr schmackhaft! wenn sich der Alte 'n bischen ausjetobt, werd' ich 'n ersuchen mir 'n Zweigableger zum Pfropfen abzulassen. Nu' ist's aber so heiß jeworden, daß ich mich 'n wenig da in den Schatten setzen möchte, um zu ruhen. (Setzt sich auf eine Gartenbank.) Ja, sehr – gute – Früchte des (allmählig einschlafend.)

Apfelsina zeigt sich lauschend hinter den Blumenbüschen.

Apfelsina.

Er schläft. Wie ich merke, hat er von den verbotenen Äpfeln gegessen. Das macht mir immer Spaß, wenn ich es beobachten kann, wie die Meisten der Versuchung nicht widerstehen. Nimmt sich gut aus, der Herr Botanikus! (Lacht laut.)

Kräutlmayer (erwachend.)

Was war das? wer hat jelacht? (Erblickt Apfelsina, springt auf sie zu und hält sie fest.) Ah, da ist ja das schöne, schöne Blümchen! Nu' laß ich Sie nicht mehr los.

Apfelsina.
Lassen Sie mich.

Kräutlmayer.
Ich habe mir vorjenommen, mir aus Ihres Vaters Jarten die schönste Blume zu holen.

Apfelsina.
Ich will nichts von Ihnen wissen. Nur fort, oder ich mache Lärm! (Läuft schnell hinaus.)

Kräutlmayer.
Halt, halt, mein Fräulein!

Zugleich tritt Casperl (mit Eselsohren) ein, lacht ungeheuer, wie er Kräutlmayer mit den Eselsohren erblickt.

Casperl.
Aber, Herr Professor! wo haben Sie die Ohren her?

Kräutlmayer.
Was, was Ohren! – Ha, ha, ha! Um's Himmelswillen, was hast du denn anjefangen! Du bist ja 'n Esel jeworden.

Casperl.
Wollen Sie sich gefälligst an Ihr Oberhaupt langen.

Kräutlmayer.
(Greift nach seinen Ohren.) Ne! was ist denn das für 'ne Hexerei! Infam! (Läuft an den Springbrunnen und sieht in den Wasserspiegel.) Furchtbar! jräulich! das ist 'ne Zauberei!

Casperl.
Sie nehmen sich aber außerordentlich hübsch aus.

Kräutlmayer.
Und du, Bursche? Juck 'n mal dort in den Wasserspiegel.

Casperl (sieht in das Wasser.)
Schlipperment! die Teufelei! – No, wenigstens kann man sagen: wie der Herr, so der Diener. Ich kann doch diese fatale Verlängerung unter meiner

Zipfelkappen neinstecken, aber bei Ihnen geht das schon schwerer und Sie werden auf dem Löhrstuhle eine schöne Figur machen. Wissen's was, Herr Professor! da nehmen's Ihre große Papierscheere und schneiden's Ihnen den Kopfschmuck ab.

Kräutlmayer.

Ich weiß jar nicht, was das für'ne fatale Geschichte ist; ich globe, 's ist nur 'ne optische Täuschung.

(Casperl packt ihn an den Ohren und schüttelt ihn.)

Kräutlmayer.

Impertinenter Bursche! Au, au!

Casperl.

Das scheint doch keine optische Täuschung zu sein.

Kräutlmayer.

Schmählich! schmählich! Was fange ich nun an? Ich bin compromittirt.

Casperl.

Ich bin auch complimentirt.

Kräutlmayer.

Verwünscht sei der Jarten und die janze Wirthschaft! Ich muß mich eben an Professor Nußbaum wenden, daß er mich operire.

Casperl.

Das wird das Gescheiteste sein. Aber Acht geben muß er, daß er Ihnen nicht auch eine Portion vom Hirnkasten abschneidet.

Kräutlmayer.

Komm'! laß' uns fliehen!

Pomologus (hinter den Büschen hervortretend.)

O bleiben Sie nur! Wo wollten Sie mit Ihrem Kopfschmuck hin, ohne verlacht und verhöhnt zu werden? Verzeih'n Sie den kleinen Scherz. Jener Apfelbaum, der schon manchen Besucher meines Gartens angelockt hat, ist ein kostbares Exemplar, welches ich von meinen Reisen aus Indien gebracht habe. Wer von seinen Früchten genießt, hat die unangenehme Folge der Ohrenverlängerung zu erfahren. –

Allein – da läßt sich helfen. Versprechen Sie mir, Herr Professor, meine Tochter und mich mit Ihren Anträgen nicht mehr zu belästigen und Sie werden geheilt.

Kräutlmayer.

Was will ich machen? Ich verspreche, was Sie wollen.

Pomologus.

Gut. Begeben Sie sich gefälligst zu dem Springbrunnen und waschen Sie sich.

Kräutlmayer.

(Thut's. Die Eselsohren verschwinden.) **Danke! danke!**

Casperl.

(Geht pathetisch an den Brunnen.) **Unnatürliches Gewächs!** (Steckt den Kopf unter das Wasser.) **Verlasse meine edle Phisionomie! –**
Es ist jammerschad, daß nicht überall so a Zauberbrunnen steht. Da könnten gar viele Leut ihre Köpf' waschen!

Der Vorhang fällt.

Ende des Intermezzos.

Crocodilus und Persea.
oder
der verzauberte Krebs.

in drei Aufzügen.

Personen.

Persea, ägyptische Fee.
Crocodilus, ihr Gemahl, ein Magier.
Zimbimbimperl, deren Tochter.
Casperl Larifari.
Grethel, seine Frau.
Mehlweiß, Müller.
Toni,
Michel, } dessen Knechte.
Löwenmajer, Inhaber einer Menagerie.
Chor der Fische.

I. Aufzug.

Seegegend. Am Ufer eine Tafel auf einem Pfahl mit der Aufschrift: »Hier ist das Fischen verboten.«

Casperl mit einer Angel.

Casperl.
Das sind mir glückliche Zeiten! Überall Eisenbahnen! Wenn Einer 's Geld hat, kann er hinfahren wo er will; er braucht dann nur noch Logie im Wirthshaus und 's Essen und 's Trinken zu zahlen. Freiheit grad gnug! und die kost't kein Kreuzer. Aber man hat auch pudlwenig davon. Einigkeit, Frieden, Glückseligkeit überall, wo man die Nasen hineinsteckt! Aber bisweilen stinkt's wo. Was aber das übrige Leben betrifft – so weiß ich nit, ob's da gar so brillant herschaut. Zum Beispiel hab' ich schon seit gestern mit meiner Grethl Nix z'essen, weil wir bei der Theuerung nicht das nothwendige Material busitzen, uns einen Brocken Fleisch zu kaufen, ja nicht a mal ein' Batzen Eier zu einem Strudl, weil jetzt 1 Batzen Eier zwei Batzen kost'; das machen vermuthlich die Verkehrsmittelerleichterungsanstalten. Da fliegt Alles aus'm Land und kommt nichts herein, außer um's dreifache Geld.

Pfui Teufel, sind das Anstalten und Verhältnisse! – Aus Hunger hab' ich mir da um 3 Kreuzer ein' Angelhacken kauft, ein Schnürl und den Besenstiel hab' ich g'habt; jetzt will ich einmal das Fischen probiren, vielleicht derwisch ich a paar Bachfischeln.
(Geht näher an's Ufer.)
Oho! Was steht da gschrieben? »Hier ist das Fischen verboten.« No, das ist mir gerad recht. Das ist ein Beweis, daß's was zum Fischen gibt, sonst wär's nicht verboten. Und die verbotene Kost schmeckt immer am besten. Also Kurasch! (Wirft die Angelschnur aus.) No, no, no! da zieht schon was. Ah, das muß ein schwerer Fisch sein. So, so – nur langsam, damit das Schnürl nit reißt!
(Zieht einen großen Stiefelzieher heraus.)
Oho! der Fisch g'fallt mir. Mit dem kann ich wenigstens einheizen. Auch

nicht übel. Vermuthlich hat den Stiefelzieher ein sich gebadethabender Handwerks- oder anderer Bursche in's Wasser fallen lassen.

Gleich wieder probirt! Vielleicht fang' ich noch ein paar Stiefel. (Wirft wieder aus.) Uh! das Glück – spür' schon wieder, daß was anbeißt. Holla! holla! nur Zeit lassen! Das ist wenigstens ein 10 pfündiger Karpf – wo nit gar ein junger Wallfisch. (Zieht einen Nachttopf heraus.) Schlipperdibix! Eine Kafeeschalen. Ah! die is für meine Grethl recht. Jetzt möcht ich aber noch ein Pfund Caffé dazu erwischen. (Taucht wieder ein.) Herrschaft! ich hab' aber Glück! beißt schon wieder was! Hop! Hop! (zieht einen großen, rothen Krebs heraus.) Bravo! das ist einmal Etwas zum schnabuliren!

Krebs.

(Zwickt ihn in die Nase und spricht:) Nichts zum schnabuliren, Monsieur Casperl!

Casperl.

Hören's auf mit dem Zwicken! Das ist ja höchst unangenehm.

Krebs.

Ich lasse nicht eher los, bis Sie mich ruhig angehört haben.

Casperl.

Ja, ja! Auwehzwick! hörn's nur auf. Ich will schon aufmerken, umsomehr, da es ja höchst curios ist, daß ein stummer Krebs spricht, wie unser Einer.

Krebs (läßt los.)

Hören Sie, Herr Casperl. Sie dürfen sich Glück wünschen, an diesem verbotenen Orte Ihre Angel ausgeworfen zu haben, um mich zu fangen.

Casperl.

So? – ah, das will ich glauben.

Krebs.

Ich bin eigentlich von Geburt aus kein Krebs, sondern eine unglückliche Fee'ntochter, welche in diese Gestalt verwandelt ist.

Casperl.

Schlipperment nochmal, da hab' ich also ein »Fang gemacht,« wie man zu sagen pflegt.

Krebs.

Allerdings! – Hören Sie.

Casperl.
Ich hab' ja schon ghört. Ich möcht Sie lieber in der Schüssel haben.

Krebs.
Die Krebse, wie Sie wissen, sind von Natur nicht roth.

Casperl.
Das weiß ich. Vermuthlich sind Sie also ein schon gesottener Krebs.

Krebs.
Nein, dieß ist nicht der Fall. Ich bin nur schamroth.

Casperl.
Schlipperment! Schamfuso also!

Krebs.
Meine Unglücksgeschichte ist folgende:

Casperl.
Was? a Gschicht auch noch; die Gschicht wird mir a bißl zu lang.

Krebs.
Nun also: Ich heiße Zimbimbimperl, bin hinter den ägyptischen Pyramiden geboren. Mein Vater ist der Magier Crocodilus und meine Mutter die ägyptische Fee Persea.

Casperl.
Gut, hören'S nur gleich auf; denn da Ihre Maman Persea, so versteht sich die Gschicht *»per se«*.

Krebs.
Still! oder ich zwicke. Ein unglückliches Verhängniß war die Ursache, daß meine Eltern sich trennten. Ich war das Opfer dieses ehlichen Zwistes; mein eigener Vater hat mich in die Gestalt verwandelt, in der Sie mich vor sich sehen. In Ihrer Hand liegt es, mich zu retten. Das »Wie« ist vor der Hand noch mein Geheimniß. Auf Wiedersehen! (Springt in den See und verschwindet.)

Casperl.
Vor der Hand, nach der Hand, in der Hand – das war eine saubere Fischparthie – und meinen Angelhacken hat mir die krebsrothe Person auch abgebrochen. (Will abgehen.)

Müller tritt ein.

Müller.
Halt da! Auf ein Wort, Herr Casperl!

Casperl.
Auf ein Wort? Wenn's wollen, auf mehrere.

Müller.
Wer hat denn Ihnen da das Fischen erlaubt, in meinem Forellenbach? Haben's net g'lesen, was auf der Tafel da steht?

Casperl.
Tafel? Tafel? was?

Müller.
Da schaun's nauf.

Casperl.
Ich hab' mein ABCbüchl heut nicht bei mir, und da hab' ich nicht lesen können.

Müller.
O, Sie Schlaucherl! Sie hätten schon lang wissen können, daß das Fischen hier verboten ist.

Casperl.
Oho! der Mensch braucht nicht Alles zu wissen.

Müller.
Nur keine Ausreden! Ich habe Ihnen schon seit einer Viertelstund von meiner Mühl aus zugseh'n, wie'S ganz gemüthlich geangelt haben – –

Casperl.
Und ganz gemüthlich nix erwischt haben – müssen'S dazusetzen.

Müller.
Kurz und gut, Herr Casperl, Sie zahlen zwei Thaler Straf.

Casperl.
Warum nit gar? Ich hab' ja nix g'fangt.

Müller.
Macht nichts. Das strafbare Reat ist vorhanden.

Casperl.
Was Reat oder Chocolat! Ich zahl' einmal nichts.

Müller.
Gut. Warten's nur a wenig. (Ruft hinaus.) Michel! Toni! Allo!

Casperl.
Wir brauchen keine Gsellschaft.
Die Knechte Michel und Toni laufen herein.

Müller.
Der Herr wird arretirt.

Casperl.
Was? das laß' ich mir nicht gefallen.

Müller.
Das ist mir ganz einerlei, ob's Ihnen gefallt oder nicht gefallt.

Casperl.
So? (Giebt ihm eine Ohrfeige.) Wie gefällt Ihnen denn d a s ?

Müller.
Sie sind ein unverschämter Mensch. (Zu den Knechten.) Jetzt packt's nur gleich an!
Die Knechte ergreifen den Casperl.

Casperl.
Ausgelassen oder ich schlag' drein!

Knechte.
Wir machen keinen Spaß!
Casperl haut um sich, allgemeine Balgerei mit Geschrei. Alle ab.)

Verwandlung.

Felsige Gebirgsgegend.

Die Fee Persea tritt ein.

Persea.

Ach! ich unglückliche Mutter! wo finde ich meine geliebte Tochter, die mein grausamer Gemahl verzaubert und gebannt hat – ich weiß nicht wohin? Als wir uns wegen des magischen Gürtels, den ich ihm nicht geben wollte, entzweiten, gerieth der sonst so sanfte Crocodilus in eine solche Wuth, daß er mir fluchte und mir unsere schöne Tochter Zimbimbimperl raubte. Weh mir! Nun durchschweife ich wie rasend den halben Erdkreis und finde keine Spur von dem theuern Kinde, trotzdem daß ich alle meine Fee'nkünste angewandt habe. Zum Tode ermattet will ich hier an dieser einsamen Stelle ein wenig ruhen, dann wieder fort, fort durch alle Zonen! Endlich muß mein magisch-electrischer Zaubergürtel doch zur Entdeckung meiner theuren – vielleicht unglücklichen Tochter führen. Großer Osiris hilf mir dazu! (Legt sich auf einen Felsenblock.) Süßer Schlummer sende mir eine Stunde Trost, den Trost des Vergessens! Bin ich erwacht, so jagt mich der Jammer des Schmerzes wieder durch die Welt. Endlich werde ich erliegen müssen. O mein Kind – mein – Kind! (Schläft ein.)

Casperl (läuft herein.)

Potz Donnerwetter, bin aber ich g'loffen! Die Kerl haben mich schon an die Mühl gschleppt und haben mich in den Bach werfen wollen. Zum Glück ist der Mülleresel ausgekommen und während sie dem nachg'loffen sind, hab' ich mich durch einen kühnen Sprung über zwölf Mehlsäck gerettet. Da bin ich jetzt. In diesem verdächtigen Felsenthale, dem Aufenthalt der Nachteulen, Fledermäuse und Spitzbuben! Halt! da liegt was! Ein woibliches Wösen. – Wer kann diese einsame Spazorgängerin soin? Sollte sie sich zu einem Rendezvous hier eingefunden haben? (Nähert sich ihr und spricht leise:) Schlummerndes Wösen! Holde Gestaltung! – Willst du nicht erwachen? – –

Persea (erwachend.)

Wer weckt mich? Wer ist so grausam, mich der tröstenden Ruhe zu entreißen? –

Casperl.

O verzoihe! Ich war es.

Persea.

Grausamer! wüßtest du, wie unglücklich ich bin, so hättest du mir den kurzen Augenblick gegönnt.

Casperl.

(Immer hochpathetisch.) Ha! du bist unglücklich? Auch i c h bin unglücklich! Auch m i c h verfolgt das Mißgeschick des Löbens.

Persea.

Aus deinen Blicken spricht Wahrheit. Könnte ich dir helfen!

Casperl.

O könnte ich auch Ihnen helfen! Sprechen Sie, mit was kann ich aufwarten?

Persea.

Mir kann Niemand helfen.

Casperl.

Niemand? (Geht mit großen Schritten auf und ab.)

Persea.

O! meine Tochter!

Casperl.

Sie sind also Mutter? – Und Ihr Gatte?

Persea.

Mahne mich nicht an dieses Ungeheuer.

Casperl.

Sollte Ihr Gatte ein verflixter Kerl sein?

Persea.

Ich verstehe dich nicht. Aber du scheinst ein guter Mensch zu sein. Ich will mit dir gehen, ich will dir mein Elend erzählen.

Casperl.

Schon wieder eine Erzählung; hab' ich erst die Geschicht von der Zimbimbimperl hören müßen – jetzt n o c h eine G'schicht!

Persea.

Wie? Was höre ich? – Mensch', wo hast du diesen Namen gehört? Ich beschwöre dich! Wo hast du ihn gehört?

Casperl (trocken.)

Im Entenbach bei der Mühl von einem Krebsen.

Persea.

Ihr Götter! (fällt in Ohnmacht.)

Der Vorhang fällt rasch.

II. Aufzug.

Casperls Zimmer.
Casperl. Grethel.

Casperl (an einer Seitenthüre horchend.)

Mir scheint, sie schlaft noch; denn sie schnarcht wie ein Droschkengaul.

Grethl.

Ja, ja – sie schlaft noch, die hergelaufene Mamsell. Das ist wieder ein Streich von dir, daß du mir die wandernde Comödiantin in's Haus gebracht hast. Schau nur den Anzug an! Vermutlich ist sie mitten aus der Comödi davongelaufen, wie sie eine Prinzessin vorgestellt hat. Eine schöne Prinzessin das!

Casperl (erhaben.)

Weib! Achtung vor dem Unglück! Humanität! Dieß ist der Wahlspruch der Zeit und des Fortschrittes.

Grethl.

Laß mich aus mit den Faxen.

Casperl.

Ich habe dieses unglückselige Weib verlaßen in der Einsamkeit gefunden. Ich fand mich berufen zur Rettung.

(Gesang aus dem Nebenzimmer. Persea singt. Melodie aus der Zauberflöte.)

O Isis und Osiris,
Osiris und o Isis,
O Isis und Osiris,
Osiris und o Isis!

Casperl.

Vernimmst du ihren Morgengesang?

Grethl.

Das ist vermuthlich eine italienische Arie.

Casperl.

Was net gar! Das ist eine Art Schnadahipferl.

Grethl.

Kurz und gut: ich bitt' mir aus, daß die Person bald aus'm Haus kommt.

Casperl.

Was? P e r s o n ? Sie ist ein höheres Wösen. Ha! Sie kommt.

Persea (tritt ein.)

Guten Morgen, ihr lieben Leute!

Casperl.

Haben S' doch gut geschlafen?

Persea.

Ich ruhte sanft im Schooße der Nacht.

Casperl (zu Grethl.)

Das verstehe ich nicht. In was für einem Schooß hat sie denn geschlafen? Hast ihr denn kein Ducket gegeben?

Grethl (zu Persea etwas bitter.)

Habn S' vielleicht den Caffée schon getrunken, den ich Ihnen in aller Fruh auf's Nachttischl gstellt hab?

Persea.

Ich danke Dir, gute Frau. Ich trank nur die Milch. Aber ich habe keine Rast und Ruhe mehr. Edler Mann! ich beschwöre dich, mich an das Gewässer zu führen, aus dem du die Erscheinung hattest, an dem der wunderbare Krebs –

Casperl (sie unterbrechend.)

Ich werde Ihnen den Weg zeigen, daß Sie nicht mehr fehlen können; aus gewissen Gründen muß ich mich ein wenig zurückgezogen halten.

Persea.

O so laß uns gehen! Zögere nicht!

Casperl.

Wenn's Ihnen beliebt.

Persea.

Dank sei euch für die Herberge. Die Götter mögen euch segnen. Komm, edler Freund, laß uns gehen.

Casperl.

Gehn wir; aber nicht zum Fischen.
(Casperl ab mit Persea.)

Grethl (allein.)

Adieu, adieu, schöne Mamsell. So wird denn mein Casperl gar nicht gscheit. Nein; i c h muß eine Geduld mit dem Menschen haben, daß ich's bald nicht mehr aushalten kann. Bringt er mir noch spät Abends die Person da in's Haus – weiß der Himmel, wo er sie aufgepackt hat? Ich hab ihr im Kammerl gleich a Bett machen müßen. E r hat sein Kopfkissen dazu hergegeben, ich mein Plümeau. S i e hat ihm allerhand vorgschwätzt, er hat ihr was von einem rothen Krebs erzählt, den er beim Fischen g'sehn hat; nacher hat sie furchtbar lamentirt. Kurz: entweder ist die Person aus'm Narrenhaus entsprungen oder sie ist eine vacirende Schauspielerin und will sich im Volkstheater engagiren lassen. Ich hoff', der Casperl kommt bald wieder nach Haus. Ich will jetzt auf'n Markt gehn, damit ich's Fleisch zusetzen kann. (ab.)

Verwandlung.

Gegend am See. (wie im I. Aufzuge.) Nacht.
Crocodilus tritt auf.

Crocodilus.

Ich bin der Magier Crocodilus. Dieß muß ich vor Allem dem hochgeehrten Publikum mittheilen. Als ich vor ein paar Monaten am sonnigen Ufer des Nilstromes im Schilfe lag und in meinen tiefen magischen Studien begriffen war, wobei ich zu entdecken bestrebte, warum auch das Nilwasser nicht aufwärts, sondern abwärts fließt – als ich – oh! oh! oh! an meine verstoßene Gattin Persea dachte und an unsre theure Tochter, die ein unglückliches Opfer meiner magischen Aufwallung wurde – als ich damals eingeschlafen war, wurde ich durch ein Geräusch geweckt. Als ich erwachte, befand ich mich in Fesseln, ohnmächtig mich meiner magischen Mittel zu bedienen, um mich zu befreien, weil mir meine Tatzen gebunden waren. Nilfischer hatten meinen Schlaf benützt, mich zu fangen und – o Schmach! mich an einen europäischen Menageriebesitzer zu verkaufen, der mich nun in einer vergitterten Badwanne producirt und noch dabei ein Extratrinkgeld begehrt. Oh! es ist gräulich, furchtbar, daß ich in diesen Zustand der Entehrung versetzt wurde! Heute, glücklicherweise vergaß der Wärter, das Gitter zu sperren. Da Alles schlief, stieg ich aus der Wanne und floh unbemerkt. – Dank den Göttern! Ein gewisser magisch-electro-galvanisch-hydratastischer Zug, ein »ich weiß nicht was« von instinktmäßiger Ahnungsgefühlsbewegung veranlaßte mich, diesen Weg zu gehen; allein was fange ich an? Man wird nur zu bald meine Abwesenheit entdecken. Wohin mich flüchten? Ah! – Hier ist Wasser, mein eigentliches Element. Wenn es aber nur 20 Grad Reaumur hat, wie das Nilwasser an kühlen Tagen, außerdem könnt ich mir eine Erkältung zuziehen. Ich will hinunter steigen. (steigt hinein.) Vortrefflich! Ich bin geborgen. (taucht unter.)

Zahlreiche Fische recken aus dem Wasser ihre Köpfe in die Höhe und singen.

Chor.
Bekanntlich sind die Fische stumm,
Doch ist dieß wirklich gar zu dumm,
Drum singen im Theater wir
Gerade so, wie jedes Thier.

Das Schicksal hat es so gelenkt.
Daß sich der Vater hier versenkt,
Allwo als Krebs die Tochter sein
Verwandelt lebt in Schmerzenspein.

Bald soll'n wir auch die Mutter seh'n;
Wer weiß, was hier nun wird gescheh'n?
Wir tauchen wieder in die Fluth
Und hoffen, Alles ende gut. (die Fische tauchen unter.)

Casperl und Persea treten ein.

Casperl (vorsichtig vorausgehend.)
Nur still, daß uns Niemand hört!

Persea.

Sind wir also zur Stelle?

Casperl.

Wir sind zur Stöhle.

Persea.

In diesen Fluthen also erschien dir mein unglückliches Kind?

Casperl.

In diesen Gluthen erschien mir der Krebs. Ich weiß aber nicht, ob dieser Krebs ein Kind war, viel weniger, ob dieses vermeintliche Kind ein Mannsbild oder ein Weibsbild war, ob diese Krebsgestalt – –

Persea.

Schweige, laß mich allein in dieser stummen Finsterniß.

Casperl.

Wohl! ich will Sie in diesem dummen Hinderniß alloine lassen; aber passen S' auf, daß Sie der grobe Müller nicht erwischt. (ab.)

Persea (allein.)

Wenn dieß der Ort ist, wo ich meine Tochter wiederfinden soll – wenn dieß die Fluthen, in welchen das arme Kind in häßlicher Gestalt den unvorsichtigen Fluch eines verblendeten Vaters büssen soll – wenn ihr Götter es so zugelassen – oh! so steht mir bei, ihr himmlischen Gewalten, sie zu befreien! Schenkt mir mein Kind wieder! (Es blitzt am Himmel.) Ein Zeichen seh' ich am nächtlichen Himmel. Ihr Sterne, wenn ihr der Fee Persea Stimme vernehmet, erscheinet! (Der Himmel füllt sich mit glänzenden Sternen, groß und klein.) Dank euch, himmlische Leuchten! (Sie geht einigemal im Kreise herum.)

Bei der Kraft des Zaubergürtels, der meine Lenden umschließt mit den heiligen Zeichen Mnevis, Kanobos, Onuphis und Besa und Eumenuthis, Oxyrinchos und Lepidotos – Tochter! Tochter! Tochter! zeige dich! Höre die Stimme deiner Mutter! (Leiser Donner; bläulicher Schimmer strahlt aus dem See. Der Krebs taucht auf.)

Persea.

Himmlische Mächte!

Krebs.

Mutter! Mutter, rette mich!

Persea.

O mein theures Kind! Was verlangt ihr, Götter? Welches Opfer soll Persea euch spenden?

Fürchterliche Stimme von oben: »Den Casperl Larifari!«

Persea.

Wie? Den, welchem ich das Wiederfinden meiner Tochter danke?

Stimme: Ja! Ja! Ja!

Persea.

Wenn ich es vermag – so sei es denn! Nun falle aber, häßliche Hülle der Schönheit! (Furchtbarer Donner. Der Krebs verwandelt sich in ein etwa 16jähriges Mädchen in weißem mit silbernen Sternen geschmücktem Florgewande, Blumenkranz um die Stirne etc. Zimbimbimperl springt aus dem See, Persea ihr entgegen und umarmt sie. Zu gleicher Zeit erhebt sich Crocodilus aus den Fluthen.)

Crocodilus.

Ha! was seh ich? Sie liegt in den Armen der Mutter!

Persea.

Ja, Unseliger! Sie ist mein Kind.

Crocodilus (aus dem Wasser springend.)

Aber auch Meines! (will sich nähern.)

Persea.

Zurück, Rabenvater! Du bist ihrer nicht werth.

Crocodilus.

Nun! So fürchte die Macht deines eigenen Gatten, des Magiers Crocodilus!

(Er will auf sie zustürzen mit aufgesperrtem Rachen. Casperl springt einen großen Prügel in der Hand, aus den Coulissen zwischen Crocodilus und Persea, gegen den ersteren in drohender Stellung.)

Casperl.

Ha! Ungeheuer!

(Ein paar rauschende Accorde im Orchester. Gruppe.)

Der Vorhang fällt rasch.

III. Aufzug.

Casperls Zimmer.
Auf einem Canapee ruht Crocodilus mit eingebundenem Kopfe. Casperl steht vor ihm. Crocodilus erwacht eben aus seiner Betäubung.

Crocodilus.

Wo bin ich? Wach ich oder träum' ich?

Casperl.

Mir scheint, ich hab Ihnen einen tüchtigen Puffer auf den magischen Schedl gegeben, als Sie gestern Weib und Kind eigenhändig zu fressen belieben wollten. Jetzt liegen Sie schon seit gestern Abend bewußtlos da.

Crocodilus.

O welch ein Verhängniß!

Casperl.

Nix Verhängniß! Wenn wir Ihnen nicht die ganze Nacht über Eisumschläg' gemacht hätten, so wären Sie bereits caput; denn der Doctor, der schon in aller Fruh da war, hat gsagt: Sie hätten eine *»promotio Schnereberi.«*

Crocodilus.

O ich fühle mich so matt und elend. Mein Kopf schmerzt mich noch heftig. Meine magische Kraft ist gebrochen.

Casperl.

Und das Alles hat meine leise Andeutung auf Ihren Gehirnkasten mit dem Prügel gemacht.

Crocodilus.

Oh! Weckt in mir nicht diese schmerzlichen Erinnerungen. Wo ist mein Weib, wo mein Kind?

Casperl.
Hinter den Coulissen. Sie trau'n sich nicht heraus, weil Sie so ein böser Kerl sind.

Crocodilus.
O, sie haben Nichts zu fürchten. Ich bin nicht mehr der zornige, rachsüchtige Crocodilus. Der Schlag des Schicksals hat mich hart getroffen.

Casperl.
Also bin ich eigentlich das Schicksal, weil ich Ihnen den Schedel beinah eingeschlagen habe.

Crocodilus.
Meine Gehirnsubstanz scheint erweicht zu sein. Ich bin sanft und gut. Ich könnte immer weinen.

Casperl.
Geniern Sie sich gar nicht. Ich will gleich ein Lavor bringen, damit Sie Ihre Crocodilthränen hinein laufen lassen können.

Crocodilus.
O, ich bin so schwach, daß ich befürchte sterben zu müssen.

Casperl.
Wenn Sie mir versprechen, daß Sie ruhig sind und vor Sie abschnappen nicht mehr beißen, so will ich Gattin und Tochter hereinlassen.

Crocodilus.
O befürchte nichts. Ich fühle mich so elend, daß jedenfalls keine Gefahr für die Meinen.

Casperl.
Also gut! (geht seitwärts und spricht:) Gnädige Frau, Fräulein, kommen'S nur herein zum Papa!
(Persea und Zimbimbimperl eilen herein und knieen Crocodilus umarmend vor ihm nieder.)

Persea.
Mein Gemahl!

Zimbimbimperl.
Mein Vater!

Casperl (kniet auch nieder.)

Oh! Oh! (steht wieder auf.) Ich fände es unbeschoiden, dieser Familienszöne beizuwohnen. (ab.)

Crocodilus.

Persea, verzeih mir! Du kannst es; denn wir haben ja unsere Tochter wieder.

Persea.

Gerne verzeih' ich dir. Alles sei vergessen.

Zimbimbimperl.

O mein Vater! Gib mir deinen väterlichen Segen.

Crocodilus.

Wie glücklich bin ich! Ich werde nicht sterben, da ich Tochter und Gattin wieder habe.
(Casperl kömmt eilig herein.)

Casperl.

Retten Sie sich! Der Menageriebesitzer Löwenmajer ist im Vorzimmer. Er will sein entsprungenes Crocodil.

Crocodilus.

Ha! – Kinder, ich muß mich verbergen. Fort! Fort!

Persea und Zimbimbimperl.

Rettung! Rettung!

Crocodilus.

Helft mir! Ich will mich aufraffen. (steht mühsam auf und wird von Persea und Zimbimbimperl seitwärts abgeführt. Es pocht heftig an der Thüre.)

Casperl.

Wer klopft so impertinent?

Löwenmajer (tritt heftig ein.)

Verzeihen Sie, mein Herr. Ich habe gehört, daß Sie mein entsprungenes Crocodil in Ihrer Behausung haben.

Casperl.

Was Crocodrill? Ich weiß nichts davon. Sie haben Nichts bei mir zu thun.

Löwenmajer.
Ich verlange mein Eigenthum zurück und dringe darauf, daß Sie mir das Crocodil ausliefern.

Casperl.
Was ausliefern! Ich bin kein Lieferant.

Löwenmajer.
So muß ich Gewalt brauchen.

Casperl.
Was Gewalt? Sie, Flegel Sie! (schlägt ihn.)

Löwenmajer.
Sie fordern mich heraus, mein Herr! (pufft ihn.)

Casperl.
Es scheint, daß Sie nur mit Bestien umzugehen wissen. (prügelt ihn.)

Löwenmajer.
Allerdings, wie es scheint!
(Balgerei. Casperl schlägt ihn todt.)

Casperl.
Hier liegt der Löwe! –

Persea (stürzt heraus.)
Bei den Göttern! Was ist geschehen?

Casperl.
Hier liegt er. Hinaus damit. (stößt ihn hinter die Coulissen.)

Persea.
Schrecklich! aber nothwendig. Und abermals bist du unser Retter. Und dich sollte ich den Göttern opfern? Nimmermehr!

Casperl.
Was haben'S jetzt da gsagt? Ich soll den Göttern geopfert werden. Wär nit übel! So was ist bei uns gar nicht der Brauch. Erstens glaub' ich an keine Götter, und Zweitens sollen mich Ihre Götter nur holen, wenn sie mich haben wollen.

Persea.

Also fürchtest du den Zorn der Götter nicht?

Casperl.

Was net gar? Ich bleib bei meinem Glauben.

Persea.

Du kannst recht haben, Freund. Die Macht unserer Götter ist auf unsere Zone beschränkt; bei Euch vermögen Sie nichts.

Casperl.

No – was hab' ich denn Anders gsagt? Und wenn die Götter von Ägypten absolut ein Menschenopfer zum Freßen haben wollen, so wird ihnen wohl auch der Menageriedirector gut genug sein.

Persea.

Deine Klugheit, deine Weisheit überrascht mich, lebtest du in meiner Heimath, so würde man dich bald in die eleusinischen Geheimniße einweihen und zum Meister vom Stuhle der Freimaurer wählen.

Casperl.

Freimaurer? – also arbeiten die Maurer bei Ihnen zu Lande umsonst? Die könnt man bei uns heraußen sehr gut brauchen, besonders jetzt, wo der Taglohn so theuer wird und die Kerls doch nur einen halben Tag arbeiten.

Persea.

Scherze nicht; du bist würdig in den Bund der Magier aufgenommen zu werden; (begeistert die Hände emporstreckend.) und wenn ihr Götter es gestattet, so beschwöre ich euern Donner, daß wir eure Stimme vernehmen! (sie zaubert. Ungeheurer Donner. Verwandlung in eine ägyptische Gegend. Auf einer großen Pyramide in der Mitte der Bühne stehen transparent die Worte:
VIVAT CASPERL DER WEISE!
Um Casperl gruppiren sich Persea, Crocodilus, Zimbimbimperl, ägyptische Priester in weißen Schlafröcken, Genien etc.
Große Gruppe.
Musik und allgemeiner Chor: »Vivat Casperl der Weise.«

Ende.

Schimpanse

der Darwinaffe.

Intermezzo in einem Aufzuge.

Personen.

Gerstenzucker, Professor und berühmter Reisender.
Casperl Larifari.
Grethl, seine Frau,
Fräulein Blaustrumpf.
Bürgermeister Neurer.
Schöppler, Magistratsrath.
Thürmüller, Hausherr.
Spritzler, Magistratsdiener.
Ein Gerichtsdiener.
Schimpanse, ein Affe.

Leeres Zimmer.

Nur ein schlechter Stuhl steht in der Mitte, auf welchem Casperl sitzt und schlaft, Grethl (eintretend.)

Grethl.

No! jetzt ist's Zeit zum schlafen! Casperl! Auf! auf! Hast gar Nichts zu thun, als zu schlafen? Essen, trinken und schlafen – das sind deine Gschäften, (rüttelt ihn.)

Casperl (erwachend.)

Oho! oho! was gibt's denn! (schnarcht.)

Grethl.

Was's gibt? Der Hausherr war schon zweimal da. Unsere Meubel hat er schon auf die Gassen 'nunterstellen lassen. Auszieh'n heißt's! Fort aus'n Logie.

Casperl.

Jetzt hab ich so sanft geruht und du weckst mich auf wegen dem Bagatell. (tragisch) Furchtbares Verhängniß! Ha, ich weiß es. Das schauerliche Ende eines Monats ist eingetreten. Schicksal! ich frage dich: Warum? warum, rum, rum, rum etc.?

Grethl.

Warum? – darum: Weil'st schon drei Monat den Zins wieder nicht bezahlt hast. Jetzt ziehn wir heuer schon das fünfte Mal aus. Es ist eine wahre Schand!

Casperl.

Dieses Aus- und Einziehen ist aber doch allweil eine gesunde Beschäftigung. Ein sogenanntes Wanderleben, eine Art Nomaderie.

Grethl.

Ja – kein Mensch will uns mehr im Haus behalten wegen deiner saubern Wirthschaft.

Casperl.

Was? Wer soll denn die Wirthschaft sauber halten? Wer? – das Woib, welches schon seit Adam und Eva zur Wirthschaftshalterin bustimmt ist. Was sagen Sie dazu? Madame?

Grethl.

Was ich sag? – Daß du das schlechte Element im Haus bist. Ohne mich wären wir schon längst zu Grund gegangen.

Casperl.

Das ist schon gar nicht wahr und nicht möglich. Es gibt nur vier Elemente: Luft, Feuer, Erde und Wasser. Ein Fünftes existirt nicht, also kann ich schon gar kein Element sein. Das heißt man Logik.

Grethl.

Sei still mit dein'm Gschwätz. Schau dich lieber um ein Logie für uns um. Wir können doch nicht auf der Gassen schlafen.

Casperl.

Wär' auch nicht übel. Unter Tags im Freien und Nachts im Wirthshaus. Bräucht' man nicht einz'heizen. – Aber ich bin der Mann! Und ich will es sein. Jetzt merk' auf, theures Woib: Drin auf'm Fensterbrettl ruht ein einsamer Sechser, eine jetzt noch gangbare Silbermünze. Nimm diesen Gegenstand und begib dich damit zur Basen, der Frau Schneizlhuberin. Macht's euch einen Caffé, und dort erwarte mich.

Grethl.

Ein' Caffé? um ein' Sechser für zwei Personen?

Casperl.

Die Schneizelhuberin soll auch einen Sechser dazulegen, nachher könnt ihr auch noch eine Bretzen dazu haben. Unterdessen werde ich in das Leben hinausstürzen und eine Logiesuchungswanderfahrt unternehmen. Also jetzt fort, fort, hinaus! (Es klopft an die Thüre) Wer kommt denn da wieder?

Thürmüller (tritt ein.)

Ich bin's, Herr Casperl. Heut schon zum dritten – aber letzten Mal. Machen S' nur gleich, daß aus'n Haus kommen.

Casperl.

Herr Thürmüller, das ist nicht die Manier, wie man mit gebildeten Leuten und soliden Partheien sich zu benehmen hat. Ich weiß sehr gut, daß ich Ihr miserables Logie zu verlassen habe; allein der Anstand würde erhuischen, daß Sie mit der Modification zeitgemäßer Rücksicht auf ein Familienetablissement zweier allgemein respectirter kinder- und elternloser aber nicht sittenloser Personen, wie ich und meine Gemahlin, Ihre nicht unbilligen Forderungen zu rectificiren belieben möchten und nicht als ein wirklicher Thürmüller einem mit der Thür in's Haus fallen.

Thürmüller.

Das ist mir Alles Einerlei. Sie haben drei Monat Ihren Zins nicht bezahlt, ich hab' Ihnen aufg'sagt, also: Marsch, aus'm Haus!

Casperl.

Was? wie? »Marsch.« Auf welcher Stufe von Bildung stehen Sie, daß Sie einen Ausdruck gebrauchen, den man schon vor dem neuen preußischen Reglement nur aus dem Exercirplatze gehört hat?

Thürmüller.

Jetzt machens nur keine Flausen. Zahlen S' mir meine 15 Gulden und machen S' daß fort kommen. Es zieh'n andere Leut ein.

Casperl.

Was die 15 Gulden anbelangt, so ist das eine Kleinigkeit, von der wir gar nicht reden wollen.

Thürmüller.

Was – nicht reden? Machen Sie oder ich mach' Ernst.

Casperl (gibt ihm eine Ohrfeige.)

Da haben Sie eine kleine Abschlagszahlung.

Thürmüller (schlägt ihn ebenfalls.)

Und da haben S' die Quittung.

Casperl.

So ist's recht! Zahlen und quittiren!
(Unter Geschrei und Balgerei alle zur Thüre hinaus ab.)

Verwandlung.

Zimmer des Professor Gerstenzucker.
Schreibpult, Karten, Globus, ausgestopfte Thiere, Retorten, Gläser. Bücher *ad libitum* characteristisch ausstaffirt.
Gerstenzucker sitzt in seinem Lehnstuhle am Schreibpulte. Vor ihm auf dem Boden liegt ein todter Affe.

Gerstenzucker.

Er ist dahin! Mein treuer, guter Schimpanse – Erschrecklich! Dieses kostbare und unersetzliche Exemplar! Das wichtigste Resultat meiner Reise um die Welt! – Was fang' ich jetzt an? Der lebendige Beweis des Darwinismus, das evidenteste Subject für die Theorie, daß das Menschengeschlecht seinen Ursprung nur im Affen zu suchen hat; und wie weit in der Cultur war er durch meine Erziehung gebracht! Er war beinah schon ganz Mensch (es klopft) und nun ist er eine Leiche!

Jetzt gerade eine Störung. Man soll nicht wissen, daß mein Schimpanse krepirt ist.

Casperl plumpst durch die Thüre herein auf den Boden.

Casperl.

Bitt' um Verzeihung, gehorsamster Diener! die Thür' muß nit recht zug'wesen sein. Bitt unterthänigst – –

Gerstenzucker.

Wer sind Sie, mein Herr, daß Sie so ohne Weiteres eindringen?

Casperl.

Wer ich bin? Ach! ein Unglücklicher, Hoimathloser.

Gerstenzucker.

Wieso? Was wollen Sie hier?

Casperl.

Ich habe in einem Blattl ausgeschrieben gelesen, daß ein Herr Professor einen Budienten sucht, auf dessen Redlichkeit und Fleiß er sich verlassen könne. In dem Anfragsbureau hat man mich hieher gewiesen. Und da bin ich halt gschickterweis gleich höflich zur Thür hereinfallen.

Gerstenzucker.

Sie suchen also einen Dienst? (für sich) Ein curioses Exemplar, das.

Casperl.

Ja, ich suche einen Dienst, aber allein nur meiner Xalifixation angemessen und einen der Befriedigung meiner Substanz entsprechenden Aufenthalt.

Gerstenzucker (für sich.)

Der kömmt mir gelegen. Vielleicht könnte ich ihn wohl gebrauchen. (zu Casperl) Wo haben Sie Ihre Zeugnisse? Ihre Referenzen?

Casperl.

Ich busitze weder Zeugnisse noch Deferenzen. Wer nicht meiner Phusionomie traut, wer (erhaben) mir nicht offen und ehrlich in mein blaues Auge schauen kann – der ist nicht m e i n Mann. Ich war bisher freier Staatsbürger – –

Gerstenzucker.

Sie sind also wohl durch Verhältnisse genöthigt, einen Dienst zu suchen?

Casperl.

O ja! sehr ja! (seufzt) die Verhältnisse, die Stricksale, die Wirren – Zwirren – – Alles, Alles – –

Gerstenzucker.

Gut. Ich will es mit Ihnen versuchen, wenn Sie auf meine Bedingungen eingehen.

Casperl.

O sehr, denn ich bin schon oft eingegangen.

Gerstenzucker.

Sie werden gut bezahlt und gut genährt. Ich hatte die Fatalität, meinen bisherigen treuen Diener zu verlieren –

Casperl.

Und nicht mehr zu f i n d e n ?

Gerstenzucker.

Verloren – durch den To d ! Hier ist seine Leiche.

(C a s p e r l sieht den todten Affen, macht einen Sprung zurück.)

Casperl.

Pfui Teufel! dieser Budiente hat ja einen Schwoif?

Gerstenzucker.

Ich habe ihn zwar als Wilden aus Africa mitgebracht; allein er war ein treffliches Subjekt.

Casperl.

Und jetzt soll ich dieses Vieh vorstellen?

Gerstenzucker.

Es ist meine Livrée. Nun, also? –

Casperl.

Erlauben S' nur, daß ich mich ein bißl businne, (für sich) Gut bezahlt, gut genährt. 25 fl. monatlich muß er mir geben. – Ah, auf einige Zeit kann ich's ja probiren und auf die Maskerad kommt's mir auch net an; da kennt mich kein Mensch – auch meine Grethl nicht. Das gibt einen Hauptspaß. – (Zu Gerstenzucker) Mir ist's recht und ich bin dabei; aber monatlich fünf und zwanzig Gulden und Alles frei!

Gerstenzucker.

Einverstanden. Folgen Sie mir in das Nebenzimmer. Nehmen Sie Ihren Vorgänger mit. (ab durch die Seitenthüre.)

(Unter komischem Zögern zieht Casperl den todten Affen am Schwanze nach und folgt dem Professor.)

Fräulein Blaustrumpf in extravaganter Toilette. (tritt großartig durch die Hauptthüre.)

Fräulein.

Alle Thüren offen! Freier Eintritt in das Heiligthum der Wissenschaft. Dieß ist groß! dieß ist würdig! – So denke ich mir auch den Mann. Nun soll ich ihn kennen lernen, Aug in Aug! diesen berühmten Mann. Schon dieses Zimmer, in welchem sein Geist schafft und wirkt, ist eigenthümlich reizend. All diese Objecte! Und hier auf seinem Pulte noch die kaum eingetunkte Feder! keine Stahlfeder! Nein! der alte würdige Kiel! Auch dieß ist eigentümlich und groß. – – Er kömmt!

Casperl mit Affenmaske vor dem Gesichte und hinten an der Hose ein langer beweglicher Schwanz. im Übrigen ganz in seinem gewöhnlichen Costüme, Spitzkappe auf dem Kopf etc. tritt ein und glotzt das Fräulein an.

Fräulein.

Ach! was seh ich? – Dieß ist wohl sein Schimpanse – sein Diener. Merkwürdig! (spricht ihn an) Schimpanse! Schimpanse!

Casperl macht ungeheure Reverenzen und Sprünge.

Casperl (für sich.)
Was ist denn das für eine curiose Figur?

Fräulein.
Wie kann ich mich ihm wohl verständlich machen! Ist der Herr Professor zu Hause? *Monsieur le Professeur, est-il chez lui?*

Casperl (sehr schnell.)
Ja, ja, ja, ja, *oui, oui, oui, oui!* (streckt den Schwanz in die Höhe.)

Fräulein.
Intelligentes Wesen! – Willst du mich melden? Fräulein Blaustrumpf.

Casperl (springt auf den Tisch.)
Pr, pr, pr, pr, pr!

Fräulein.
Ich bin Privatgelehrtin und Touristin.

Casperl.
Schnurrnurrschnurrnurristin! (lacht fürchterlich, springt mit einem Satze durch die Seitenthüre ab.)

Fräulein (allein.)
Allerliebst! Da sieht man es unwiderlegbar: Darwin hat recht. Ein Affe und so intelligent, wie irgend ein menschliches Wesen – allerdings zwar auf etwas niedrigerem Culturstandpunkte; so mögen wohl die Urmenschen gewesen sein. – Er naht, der süße, holde Gerstenzucker!
C a s p e r l ohne Affenmaske im Schlafrock.

Casperl (im Eintreten für sich.)
Mein Professor schläft, also kann ich's riskiren, den Herrn zu spielen. (zum Fräulein) Ha! Ah! Ha! habe die Oehre; also Fräulein Blaustrumpf? selbst Stiftschrellerin? Sehr erfroit, die Ehre zu haben.

Fräulein.
Ja, ich bin Adalgise Blaustrumpf. Glücklich, wenn Ihnen vielleicht mein unbedeutender Name schon einmal vorgekommen!

Casperl.
O sehr, sehr – budeutend! budeutend!

Fräulein.

Mein sehnlichster Wunsch ist in Erfüllung gegangen. Ich – eine Ihrer größten, begeistertsten Verehrerinen – stehe nun an dem Born der modernen Wissenschaft, dem Träger des Darwin'schen Systemes!

Casperl (immer sehr hochdeutsch.)

Allerdings, Mademoisell.

Fräulein.

O, wie könnte ich ihnen huldigen?

Casperl.

Sie schuldigen mir gar Nichts. Apripos! Wie gefällt Ihnen mein Affe! a netter Kerl, nit wahr?

Fräulein.

Der lebendige Beweis für die neue Lehre. Wie vortrefflich erläutern Sie dieß in dem 45. Hefte Ihres Journals »die Weltkugel!«

Casperl.

Was? – Weltkugel? Weltkugel? Kegelkugel, Kegelkugel – ja, ja, ja, ja, ja!

Fräulein.

Nicht wahr? Sie haben dieses Exemplar von Ihrer letzten Reise aus dem südlichsten Spitze Südafrica's mitgebracht?

Casperl.

Ja, aus der niedlichsten Spritze von Saffrica. (für sich) Das Fragen wird mir zwider. (laut) Das Sprüchl aus'm ABC Büchl wissen Sie gwiß:
»Der Affe gar possirlich ist,
»Zumal, wenn er den Apfel frißt.«

Fräulein.

Bitte, bitte: Solche Naivität bei solcher Gelehrsamkeit?

Casperl.

Womit kann ich eigentlich aufwarten?

Fräulein.

Herr Professor haben auf Ihren großen Reisen doch höchst interessante Momente erlebt.

Casperl.

O ja, die Monumente besonders; – allein meine Monumente sind kostbar und ich bin immer sehr auf das Honorar für meine kostbare Zeit gespannt, sogenanntes *douceur?*

Fräulein.

Sehr natürlich (etwas überrascht). Ich hätte mir so gerne die Freiheit genommen, Ihnen die ersten Bogen meiner neuesten Novelle vorzulesen –

Casperl.

Forelle? blau abgsotten oder gebacken?

Fräulein.

Die Novelle heißt: »Der Sieg des Geistes über die Finsterniß.«

Casperl.

Ha! »Finsterniß!« da muß es sehr dunkel, sehr dunkel sein. Aber – meine Zoit ist sehr kostbar, wessen-wegen ich mir alle Visiten bezahlen lasse, wie die Doktoren, die die Leut umbringen.

Fräulein.

Da will, ich nicht länger stören und werde ein andermal so frei sein – – (will fortgehen).

Casperl.

Halt e bißl, das geht nicht so schnell. Zuerst fünf Gulden – nachher können S' abblitzen.

Fräulein

Wie – Herr Professor? – s o n d e r b a r – in I h r e r Stellung? – – ?

Casperl.

Nicht s o n d e r b a r, sondern b a r. Wenn nicht – so könnte ich einige gelehrte Gewaltmittel in Anwendung zu bringen mir erlauben.

Fräulein.

Es ist nicht möglich, solch ein Betragen! Sie w o l l t e n – – ?

Casperl.

Ja, ich w o l l t e – kurz, wenn Sie nicht einen Fünfguldenschein hergeben, so werden Sie dieses Zimmer auf eine etwas ungenehme Manier verlaßen – –

Fräulein.

Das überschreitet Alles! Ich gehe, aber enttäuscht!

Casperl.

Nur, hinaus, wenn Sie nicht zahlen.

Fräulein.

Schändlich! –

Casperl stößt sie hinaus.
Professor Gerstenzucker stürzt aus dem Nebenzimmer herein.

Gerstenzucker.

Was ist das für ein Lärm?

Casperl.

Nur ein kleiner Wortwechsel.

Gerstenzucker.

Aber was sehe ich? Wer hat Ihnen erlaubt, meinen Schlafrock anzuziehen? Welche Kühnheit!

Casperl.

Glauben Sie denn, daß ich alleweil den Affen machen will? Ich bin gleich auch einmal als Professor aufgetreten. Sie können Ihren Affen bisweilen selber machen.

Gerstenzucker.

Was fällt Ihnen ein? In einer solchen Weise beginnen Sie, Ihre Dienste bei mir zu leisten?

Casperl.

Jetzt bin ich schon einen halben Tag bei Ihnen und hab' noch kein' Bißen zu Essen und keinen Schluck zum Trinken bekommen!

Gerstenzucker

Welch ein Benehmen! Er ist der Diener, und ich bin der Herr. Schweig Er also! Das Übrige wird sich finden.

Casperl.

So also? da muß ich schon anders auftreten.

(Schlägt den Professor.)

Gerstenzucker.

Schändlicher Bursche! (dringt auf Casperl ein.)
(Balgerei, in welcher Beide durch die Seitenthüre abgehen.)

Verwandlung.

Offene Straße in der Stadt.
Grethl, später Spritzler.

Grethl.

Zwei Stunden hab' ich jetzt schon auf den Casperl gewart'. Wo steckt der wieder? Er hätt' mir schon lang die Antwort bringen können, ob er ein Logie für uns g'funden hat. Gewiß ist er wieder in einem Wirthshause hängen geblieben. Der Mensch ist unverbesserlich. Da kommt ja der Magistratsdiener; der hat's aber pressant heut!

Spritzler (eilt herein.)

Guten Morgen, Madame. Halten'S mich nur nit auf; ich hab' keinen Augenblick Zeit.

Grethl.

Nu, was gibt's denn gar so Wichtig's?

Spritzler.

Nu – denken S' Ihnen Madame Casperl: Dem Professor Gerstenzucker ist sein Aff ausgekommen. Sie kennen ihn ja?

Grethl.

Freilich! Ich haben schon öfters mit seim Affen spazieren gehen sehen. Der ist aber ganz zahm; wie a Lampl is er mit ihm gegangen.

Spritzler.

Nun, das Vieh ist auf einmal rabiat worden, hat'n Herrn Professor selbst beutelt und ist ausg'sprungen.

Grethl.

Das kann aber ein Unglück geben.

Spritzler.

Er ist zwar ein gelehrter Aff, aber halt doch ein Aff. Er beißt und kratzt wie die Andern. Beim blauen Bockwirth ist er gleich 'neingrumpelt, hat'n Wirth, d' Wirthin, d' Kellnerin abgebeutelt, hat sich Bier und Wurst geben lassen und ist nacher zum Fenster 'nausgsprungen.

Grethl.

O mein, o mein! Wenn ihm nur mein Casperl nicht in die Händ lauft –

Spritzler.

Jetzt hat man ihn –

Grethl.

Den Casperl? –

Spritzler.

Nein – den Affen, beim Caffetier unter die Bögen hineinspringen seh'n. Ich hab' den Befehl, ihn zu fangen; aber ich muß erst einen Gerichtsdiener requiriren; denn allein trau' ich mich nicht über das wilde Thier. Adieu, Frau Casperl. Ich kann mich nimmer aufhalten. (ab.)

Grethl.

No machen 'S nur, daß'n bald kriegen.
(nach der andern Seite ab.)

Bürgermeister Neurer und Magistratsrath Schöppler, [letzterer ungeheuer dick und rothnasig] treten zusammen auf.

Neurer.

Das ist doch wirklich eine tolle Geschichte, Herr Magistratsrath: Ein Aff bringt die halbe Stadt in Allarm.

Schöppler.

Da müssen Sie halt eine Sitzung zusammenberufen, Herr Bürgermeister.

Neurer.

Aber ich bitte Sie, Herr Rath! Eine Sitzung wegen eines ausgekommenen Affen.

Schöppler.

Das Ereigniß ist ein *novum*. Da können Sie nicht ohne Magistratsbeschluß verfügen.

Neurer.
Ein einfacher Polizeifall! Da muß ich mir freie Hand vorbehalten.

Schöppler.
Und ich meinerseits als Rathsmitglied müßte protestiren – nach Paragraph 125 des neuen Polizeistrafgesetzes und nach Paragraph 9 der Gemeindeordnung. Das Gesetz bestimmt noch dazu öffentliche Sitzung.

Neurer.
Ich bin gewiß möglichst für Collegialverfahren und öffentliche Verhandlung, allein hier liegt ein Ausnahmsfall vor, wo rasches Einschreiten angezeigt ist. Ich nehme die Verantwortung auf mich als Bürgermeister.

Schöppler.
Das ist I h r e Sache, Herr Bürgermeister. Wenn Sie den Gegenstand s o auffassen, kann ich Nichts dagegen haben. Ich gehe vorläufig auf einen Schoppen in's Weinhaus. Wenn Sie mich brauchen, so kann man mich dort finden.
Geschrei hinter der Scene:
Halts'n auf! fangts'n!
Andere Stimmen:
Der Aff, der Aff!
(Neurer und Schöppler fahren erschreckt auseinander.)

Neurer.
Das ist kein Spaß, Herr Magistratsrath!

Schöppler.
Da haben wir's. Da kommt der Aff! Hätten Sie nur gleich eine Sitzung anberaumt.
(C a s p e r l in der Affenmaske springt herein, rumpelt Neurer und Schöppler über den Haufen, macht die tollsten Sprünge. Neurer läuft davon. Schöppler fällt auf den Bauch, Casperl prügelt ihn, Schöppler rafft sich auf und geht ab.)

Casperl.
Platz, Platz! Gikeriki! Pr, pr, prrrrr. *(lacht ungeheuer.)* Das ist a Gspaß! Das freut mich! Alle fürchten's mich. Mein' Hausherrn hab' ich auch umgerennt! – Aber jetzt muß ich wirklich a bißl ausschnaufen. Gegessen, getrunken, was in mich hineingegangen ist – beim blauen Bockwirth, im Caffeehaus, im Schnapsladel – nacher das Springen und Laufen! – no! das eschofferirt weiter net! Potz Schlipperment! Da seh ich meine Gattin kommen. Mit der muß ich auch einen Jux haben. Ich versteck mich. *(stellt sich hinter die Coulissen.)*

Grethl (tritt ein.)

Das ist erschrecklich, was der Aff für eine Rebellion macht. Kein Mensch traut sich mehr aus'm Haus. Ich muß nur machen, daß ich heim komm. Mein Casperl hab' ich auch nirgends gfunden!
(Casperl springt von rückwärts auf Grethl und packt sie.)
Pr, pr, prrrr!

Grethl (schreit furchtbar.)

Auweh! auweh! Der Aff! Helft's mir! Ich bin verloren!

Casperl.

Du, du, du – abscheulichs Weib!

Grethl.

Laßen's aus, Herr Aff, ich bitt gar schön!

Casperl.

Wo ist der Casperl?

Grethl.

Ich weiß net, wo mein lieber Mann ist. Wolln'n Sie vielleicht was Gut's? oder einen Kaffee? Was Sie wollen, kriegen'S. Laßen'S nur aus! Sie droßeln mich ja. (Casperl brüllt und brummt.)
Im Hintergrund erscheinen Spritzler und der Gerichtsdiener.

Spritzler.

Da ist der Kerl!

Gerichtsdiener.

Jetzt aufgepaßt! Kourasch! So krieg'n wir'n gleich. (Beide stürzen von rückwärts auf Casperl und halten ihn fest.)

Spritzler.

Haben wir dich Bestie?

Casperl.

Oho – ho – ho, pr, pr, prrrr! (Grethl läuft davon.)

Spritzler.

So, jetzt nur gleich auf'n Magistrat mit dir. Da wird man Dir's schon zeigen.

Gerichtsdiener.

Ja, da wird man dir Mores lehren!
(Führen Casperl ab.)

Verwandlung.

Amtszimmer auf dem Rathshause.

Neurer.

Das wäre doch des Gukuks, wenn man der Bestie nicht habhaft werden könnte! Ich habe aber alle Maßregeln getroffen. Der Professor Gerstenzukker muß jeden Augenblick hier erscheinen. Ich muß mich doch mit ihm in's Benehmen setzen und hab' ihn deßhalb eventuell citirt, damit er gegenwärtig ist, wenn man den Affen arretirt hat. (es klopft.) Herein!
Prof. Gerstenzucker mit verbundenem Kopfe tritt ein.

Neurer.

Ah, Herr Professor! Freut mich, die Ehre zu haben. Aber in welch' einem Zustande?

Gerstenzucker.

Ich weiß nicht, was mein sonst so zahmer Schimpanse plötzlich für einen Anfall von Wildheit gehabt, daß er mich, seinen Wohlthäter, so mißhandelt hat. Er ist eigentlich ganz sanfter Natur.

Neurer.

Bedaure sehr; aber, aber: *naturam expellas, tandem* …

Gerstenzucker.

Ich kann nur vermuthen, daß er über die Flasche Branntwein gekommen ist, welche ich zum Experimentiren gebrauche und aus Versehen auf dem Schreibpulte stehen ließ.

Neurer.

Nach Allem, was ich amtlich erhoben, scheint doch seine animalische Tendenz noch zu prävaliren; denn er hat sich unbändig benommen und große Wildheit geoffenbart. Ohne Zweifel wird er aber bald eingebracht werden. Ich habe wackere, couragirte Leute.

Gerstenzucker.

Wenn man ihn bringt, zweifle ich nicht, daß er, wie er mich sieht, gleich beruhigt wird. Bisher folgte er mir wie ein Kind; ich habe ihn bereits ein Jahr bei mir und nicht das Geringste kam vor.

Neurer.

Nicht wahr? Sie haben ihn aus dem uncultivirtesten Theile Afrikas?

Gerstenzucker.

Allerdings: Er ist ein Schimpanse aus den antidiluvianischen Urwäldern, ein Darwinexemplar.

Neurer.

Ich bin auch ganz der Ansicht, daß die Menschheit ursprünglich ein Affengeschlecht war. Das System ist so klar, so einfach, so natürlich und dem Fortschritt der modernen Wissenschaft ganz angemessen, überhaupt – – (Lärm draußen.) Aha! ich denke, man bringt ihn. (Retirirt sich hinter das Amtspult.) Spritzler und Gerichtsdiener bringen Casperl gebunden herein. Casperl macht einen ungeheuern Sprung auf den Professor.

Gerstenzucker.

Toller Kerl! haben sie dich? Was machst du aber auch für Streiche? Geschah dir ganz recht. Du brauchst wohl wieder einmal die Peitsche.
(Casperl brüllt und macht pr, pr, prrrr.)
Sei nur ruhig und brav.

Neurer.

Wünschen Sie, daß ich den Delinquenten in amtliches Verhör nehme. Dann müßte ich Sie bitten, den Dollmetsch zu machen.

Gerstenzucker.

Ich denke, es wird nicht nöthig sein.

Neurer.

Jedenfalls ist der Vorfall für Sie nicht ohne Folgen. Es sind bereits Klagen auf Schadenersatz eingelaufen, *actio de pauperie*. Der Kerl hat viel Unheil angefangen.

Gerstenzucker.

Fatal für mich, allein ich werde wohl bezahlen müßen. (Für sich.) Ich darf den Kerl nicht verrathen, sonst ist mein Ruf compromittirt.

Casperl (bei Seite zum Professor.)

Jetzt müssen Sie mich schon als Affen gelten lassen, bis wir draußen sind, sonst sind Sie als Lügner und Betrüger elend blamirt. Und wenn wir zu Haus sind, bitt ich mir 50 fl. aus, damit ich's Maul halt.

Gerstenzucker.

Nur still und ruhig. Wir werden uns leicht verständigen. Ein Mann ein Wort.
(zu Neurer:)
Ganz und gar, wie ich Ihnen voraus sagte. Wenn Sie nichts dagegen haben, Herr Bürgermeister, so werde ich ihn jetzt wieder nach Haus nehmen.

Casperl.

Juhe, Juhe! (springt in die Höhe.)

Gerstenzucker.

Ruhig Schimpanse! Sie sehen, wie er sich heim freut.

Neurer.

In der That, ein komischer Bursche. Doch muß ich amtlich bitten, daß Herr Professor für die Zukunft Caution stellen wegen allenfallsigen ähnlichen fatalen Vorkommnissen. Was die Entschädigungsansprüche betrifft, werde ich mein Möglichstes thun, daß annehmbare Vergleiche zu Stande kommen. Es steht ganz bei Ihnen, sich jetzt zu entfernen.

Gerstenzucker.

So komm mein Bürschchen. Mach hübsch deine Complimente. (Casperl macht ungeheuere Reverenzen.)

Neurer.

Ei, wie liebenswürdig jetzt!

Gerstenzucker.

So hab ich denn die Ehre, mich zu empfehlen.
(Ab mit Casperl.)

Neurer.

Es ist doch eigentümlich, was für merkwürdige Fälle sich in einer großen Stadt ereignen können.
Schöppler fällt durch die Seitenthüre herein auf den Boden.
(Im Aufstehen.) **Herr Bürgermeister, haben wir also keine Sitzung?**

Neurer.
Nein, Herr Magistratsrath; allein es scheint, daß während ein Affe hinaus ist, Sie den Andern herein bringen!

Der Vorhang fällt.

Ende.

Anhang

Die Lustigen Komödienbüchlein

Über 18 Jahre hinweg, von 1859 bis ins Jahr nach seinem Tod 1877, erschienen die sechs Bändchen, die von Poccis Werk am häufigsten nachgedruckt wurden.
Der Begriff »Komödie« im Titel der Sammlung meint nicht die dramatische Gattung (im Gegensatz zur Tragödie). Statt gelehrtem oder französischem Einfluss entstammt er, wie das Deutsche Wörterbuch der Gebrüder Grimm im elften Band von 1873 (also zeitgenössisch zu Pocci) angibt, »unmittelbar dem Theaterleben« und meint »Spiel«, »Spectakel« und »besonders lebhafte Vorfälle, ›Scenen‹«; der Begriff sank »noch viel tiefer« zur »Hunde- und Affenkomödie« bei Jahrmarktsvorführungen. Der Akzent liegt in der bairischen Aussprache auf einem breiten »e« der zweiten Silbe und das Wort endet auf ein unbetontes, kurzes »i«: »Komédi«.
Zusätzlich bestätigen die Untertitel der einzelnen Stücke, wie unspezifisch die Sammlung seiner »Komödien« von Pocci selbst verstanden wurde.
Die Diminutive »-büchlein« und »Bändchen« galten dem während zweier Jahrzehnte beibehaltenen Duodez-, das ist Postkarten-Format, und nicht einem Umfang zwischen 250 bis 300 Seiten und mehr. Alle Bändchen tragen als Titelvignette die Casperlfigur, die sich hinter einer übergroßen Maske, dem karikierten Pocci-Porträt mit prägnanter Nase und resigniertem Gesichtsausdruck, versteckt. Auf den Titelseiten der 40 Stücke gibt es dann noch einmal eine je eigene, inhaltsbezogene Vignette.
Die 1859 begonnene Serie der »Lustigen Komödienbüchlein« wurde 1861 mit einem zweiten Band, dann 1869, 1871, 1875 fortgesetzt und postum 1877 mit dem sechsten Band abgeschlossen, der eine umfängliche Würdigung des Dichters durch Hyacinth Holland, einen Freund Poccis, enthielt.
Wie bei den 1834-37 mit Guido Görres herausgegebenen 15 Heften des »Festkalenders« und seinen Fortsetzungen, den »Geschichten und Liedern mit Bildern« 1840 bis 1845, sowie den Bildfolgen zum »Staatshämorrhoidarius« in den »Fliegenden Blättern« ab 1845, konnte der Dichter auf langfristiges und wiederholtes Interesse an allem rechnen, was er veröffentlichte: Er versprach auch Umsatz für die Verleger und Buchhändler.
Die Stücke des »Lustigen Komödienbüchleins« bestritten das Repertoire des ersten institutionalisierten Marionettentheaters des Papa Schmid, und das Bild des Prinzipals verschmolz mit dem des Casperl Larifari. Dass die »Verbindung des praktischen, erfahrenen Puppenspielers mit dem

Dichter sehr glücklich« gewesen sei, bemerkt Tankred Dorst 1957 in seinen grundlegenden Beobachtungen zu den Marionetten und der Kooperation Schmid/Pocci: »Pocci schreibt das Repertoire dieser Bühne, und seine Stücke bilden zum ersten Mal einen Stil, eine Spielweise aus, die bald und bis heute für viele volkstümliche Marionettenbühnen verbindlich geblieben ist.« Auf der Basis ›produktiver Verwandtschaft‹ gibt Dorst, der damals seine ersten, leider nie gedruckten Texte für eine Münchner Marionettenbühne schrieb (davon einen in der Pocci-Tradition zusammen mit Wilhelm Killmayer), den besten Überblick über die Eigenarten der Epoche machenden Stücke: »Die Handlung seiner Komödien hat Pocci meist bekannten Volksmärchen entlehnt oder mit der Erinnerung an Gelesenes und Erzähltes frei erfunden. Die Figuren erklären sich häufig durch ein Auftrittslied oder durch einen Monolog, die Szenen sind lose aneinandergereiht, ohne geschlossene dramatische Form, flüchtig motiviert. [...] Ebenso willkürlich die Schlüsse: In der ›Zaubergeige‹ tritt, um die Verwirrung zu beenden, der Geist Cuprus auf und spricht ›Das Stück dauert schon zu lange: Ich habe längst auf die letzte Szene gewartet. Ich bin der Deus ex machina...‹ – so unwichtig ist die Handlung. Der Dichter spielt mit seinem Stoff. [...] Solche Augenblicke, die das Spiel ganz unvermutet unterbrechen und die dem Zuschauer bewußt machen, daß dies Spiel sei, nicht mehr, und daß dies Marionetten sind, von romantischer Laune und Willkür geführt, keine Menschen, kehren in Poccis Komödien immer wieder. Es ist eine Welt des Scheins, und sie besitzt nur poetische Realität. [...] In diese Welt, die so kurios und wunderlich gemischt ist, so voller phantastischer Erscheinungen und erschreckender Gestalten, spaziert Kasperl hinein, als wäre es nur eben in den Englischen Garten. [...] Als Held dieser Komödien wird er Prinz, Gelehrter, Geigenvirtuose, Kapitalist, Maler und Revolutionsheld: immer sind es Situationen, die seinem Wesen gemäß sind. Und hier, wo die gemeine Welt mit der phantastischen immerfort zusammenstößt, die Wirklichkeit mit dem Traum, die Alltäglichkeit mit dem Wunder sich verbindet, entzündet sich der komische Funke, sprüht das Feuerwerk des Witzes auf, das diesen kleinen Kosmos in ein reines poetisches Licht taucht. Die Marionettenspiele Poccis leben aus der innigen Verbindung von volkstümlich Derbem mit bewußt künstlerischer Formung.« Ergänzend hinzuzufügen wäre allenfalls, dass Pocci mit seinen satirischen Passagen den Schein der Kunst doch dann und wann durchbricht: Seine Stücke halten den Zeitgenossen gezielt den Spiegel vor. Isabella Braun (1815–1886) verglich ihn in ihrem Nachruf mit Charles Dickens.

Durch ihre Rezeption – die »erfreuliche Aufnahme« auch im »Buchhandel« (Hyacinth Holland) – traten die sechs Bändchen ins Zentrum von Poccis Werk, sie überlagerten die andern Werke, auch wenn es später neben sehr vielen Auswahlen nur zwei Gesamtausgaben des Komödienbüchleins (1891 und 1909f.) gab. Anfangs herrschte auch noch eine gewisse Reserve, denn da Pocci die dem Puppenspiel offiziell zugeschriebene Aufgabe, »jugendliche Verstandeskräfte nützlich zu erweitern und die Phantasie heiter zu beleben« (Hyacinth Holland) nur bedingt erfüllte, fühlte sich sein Biograph zur gewundenen, vorauseilenden Entschuldigung veranlasst, dass »das potenzierte Spiegelbild des eulenspiegelhaften Volkshumors [...] sich nicht äußern kann gleich den andern ehrsamen Philistern und deshalb gegen jede hergebrachte Höflichkeit verstößt«. Es gab auch einzelne, die »unehrsamen« Grobheiten mildernde Bearbeitungen für Jugendgruppen, deren neue Untertitel »lehrreiches Beispiel«, »moralische Komödie« schon die Tendenz verraten, auf die hin die Pocci-Stücke umzuarbeiten waren.

Franz Pocci selbst hat in zwei Gedichten anlässlich der letzten Bändchen des »Lustigen Komödienbüchleins« in einer Art Selbstkommentar vorgeschlagen, wie die Stücke zu lesen und zu verstehen sind. Er verwendet dabei den Titel »Komödienbuch« im Singular wie Plural und bezieht sich auf alle damals erschienenen fünf Bände, d. h. er versteht sie als eine Einheit.

Beide Gedichte wurden aus dem Nachlass von Franz Pocci (Enkel) erstmals in der 1921 beim Deutsch-Meister-Verlag erschienenen Auswahl (S. 33 und 356) abgedruckt. Als Zeugnisse seines dichterischen Selbstverständnisses wie auch für die Interpretation der Stücke bieten die Gedichte einen Horizont, der ihren Abdruck jedenfalls rechtfertigt.

Vorwort
zu den zu druckenden neuesten Marionettenspielen

Diese Marionettendramen
Wurden oft schon produziert
Und die kleinen Herr'n und Damen
Haben immer applaudiert.
Aber auch für große Leute
War die Sache nicht zu dumm,
So empfehle ich denn heute
Dieses Buch dem Publikum.
Solche Stücke zu verfassen
Ist doch keine Kleinigkeit;
Kritisier'n und Bleibenlassen –
Dazu findet man wohl Zeit.
Sagen die erhab'nen Lichter:
»Ach! Das sind nur Kinderei'n!«
Laden wir die großen Dichter
Derlei selbst zu machen ein!

26. Dezember 1873

1876
Zu meinem lustigen Komödienbüchlein*
(fünf Bände)

Ein lustiges Komödienbuch
Voll Possen wohl und nur zum Lachen –
So meint Ihr sei's; damit genug!
Doch ach! So konnt' ich es nicht machen.

Es reichen ja Humor und Schmerz
Die Hände immer sich im Leben,
Und wer sich greift ins eig'ne Herz,
Wird oft in Zwiespalt schweben.

Oft wenn's Dir nicht um's Lachen ist,
Sollst fröhlich Du erscheinen,
Und wenn Du bittertraurig bist,
Darfst Du beileib nicht weinen.

So möge dies Komödienbuch
Ein Spiegel nur erscheinen
Des Menschenlebens – Lug und Trug,
Zum Lachen und zum Weinen.

22. Februar 1876

---

* Bei Übersendung als Geschenk vermutlich an Franz Kobell

Lustiges Komödienbüchlein — Fünftes Bändchen

Es ist der letzte vom Dichter selbst zusammengestellte Band in der Reihe der »Komödienbüchlein«, und er erschien mit sieben Stücken im Jahr 1875. Nach einer – wie bei diesem Dichter erwartbar – sehr eigenen Märchenbearbeitung folgt eine stofflich wie gattungsmäßig überraschend bunte Abfolge von Bühnentexten: Vier satirische Handlungen bauen auf lokaler Aktualität auf. Zwei weitere effektvolle, aus Einzelepisoden zusammengesetzte Stücke, reihen, entgegen der aus früheren Bänden gewohnten solide gefügten Handlung, die Aktionen an einem nur dünnen Faden aneinander; sie überraschen aber dafür durch Spielfreude, da des Öfteren Balgereien wie beim Dult-Kasperl die Szenen oder das Stück abschließen.

Pocci schrieb dazu, wie in einer Art Rückblick, jenes Widmungs-Gedicht, das wir schon den Bänden 1 bis 4 unserer Ausgabe nach dem Überblicks-Nachwort als Interpretationshorizont beigegeben haben: eine Art Resümee und Warnung vor zuviel Amüsement. Das Gedicht betont, dass allen Stücken neben dem Lachen auch »Schmerz« und »Weinen« eingeschrieben sind. Es werden ja auch immer wieder Hunger und soziale Nöte thematisiert, die seine Stücke für die große Bühne bestimmt hatten.

Zu den Stücken

ASCHENBRÖDEL

Quellen und Anregungen

Vorlage ist, wie bei vielen Stücken Poccis, ein Grimm'sches Märchen. Ähnlich den anderen Märchen aus dieser Sammlung, verändert der Dichter auch hier den Stoff ebenso entscheidend wie aufschlussreich. Eine Orientierung für seine Umarbeitung bot ihm August von Platens (1796–1835) Fassung der Vorlage. Platen war der bedeutendste Dichter am Hofe des bayrischen Königs Ludwig I. Im Zentrum seines Jugenddramas »Der gläserne Pantoffel« (1823) steht die Titelgestalt der Grimms, hier Aschenbrödel genannt. Während aber das »Aschenputtel«-Märchen mit den Ermahnungen der sterbenden Mutter beginnt und damit endet, dass übernatürliche Hilfe die Titelheldin nach der Pflege des Muttergrabes belohnt, erwähnt Platen die Mutter nur am Rande. Er hat auch, wie Pocci nach ihm, das Mädchen zur Halbwaise und zur jüngsten der drei Töchter eines zweimal verwitweten Vaters gemacht, das heißt, die bösen Schwestern unterdrücken das jüngste Kind, und die böse Stiefmutter des Märchens entfällt.

In Poccis »Aschenbrödel« erscheint die Mutter nur kurz als Geist, anstatt sentimental verklärt als eine durch ihr Sterben bestärkte Instanz auf die Handlung einzuwirken. Um diese Erscheinung zu bewerkstelligen, versetzt Astraleus, der – ähnlich der mächtigen Fee im Drama Platens – wie ein Regisseur die Handlung bei Pocci bestimmt, Aschenbrödel in eine Art Trance: In rosigem Licht erblickt sie die Mutter. Damit sich deren vag-hoffnungsvollen Zusagen erfüllen können, muss Aschenbrödel sich in ebenfalls von Astraleus – »Erzieher« des Prinzen und zugleich ein »Magier« – arrangierten Situationen bewähren. Nicht die Einhaltung der mütterlichen Gebote und ihre Zusagen göttlicher Hilfe wie im Grimm'schen Märchen, sondern die Verstellungen und Tricks des Magiers sichern dem Stück das Happy End.

Neben dieser – bei Platen und Pocci vergleichbaren – Reduktion des moralischen Bewährungs- und Belohnungsschemas geht Pocci über Platens Umarbeitung hinaus, indem er die Handlung entscheidend umstellt: Der Prinz trifft schon am Anfang des Stücks, in einer Naturumgebung (und nicht nur bei Hofe!) auf Aschenbrödel, und er verliebt sich in sie trotz ihrer Armut. Also nicht die Schuhprobe allein beweist – im Gegensatz zum Märchen und zu Platens Drama – die Identität bzw. »Persönlichkeit« Aschenbrödels für Pocci. Gegen jede Standesregel verstoßend hat der Prinz sie schon als Beerensammlerin kennen und lieben gelernt, der Schuh bleibt dann ein äußeres, ihre Werte eher zufällig bestätigendes Attribut.

Neben diesen Änderungen erscheint die punktuelle Orientierung an Platen (wie z. B. beim Verzicht auf die Stiefmutter oder auf doppelte Wiederholungen der Begegnung beim dreitägigen Fest) eher beiläufig.

Zusätzlich zu Astraleus ergänzt in Poccis Stück der Casperl (vergleichbar mit dem Hofnarren Perdullo in Platens Stück, wenn dieser auch dort mehr Einfluss hat) das Märchenpersonal. Er und Astraleus als Gegenpole in der sozialen Rangfolge bewerkstelligen bei Pocci das gute Ende: Dabei reduziert der Dichter mit der Überlegenheit des Astraleus die Angst des kindlichen Publikums um Aschenbrödel und lässt Casperl nicht nur deren Familie lächerlich machen (wie auch schon Perdullo das tut), sondern umspielt am Beginn des vierten Aufzugs auf komische Weise das Motiv vom alles entscheidenden kleinen Schuh, den bei Pocci der Casperl findet: Er ist in jeder Hinsicht zuständig für den Blick nach unten.

Worterklärungen und Erläuterungen

9   *Titel:* Schon die Originalanmerkungen zur Grimm'schen Märchensammlung erwähnen »Aschenbrödel« als die oberdeutsche Form von »Aschenputtel«: Je nach Dialekt lautet der Titel des Märchens, das zu den bekanntesten im gesamten deutschen Sprachgebiet gehört, jeweils anders. Zum alten Motiv der Asche verweisen die Anmerkungen der Gebrüder Grimm auch darauf, dass schon Odysseus als heimkehrender Fremdling sich in der Asche des Herdes niederlässt: Schon der Phönix entstieg ihr zu neuem Leben.

10 *Personen:* Pocci folgt der Namensgebung in den Stücken seines Vorbilds Ferdinand Raimund, der in München große Erfolge feierte. Auch er setzt auf humanistische Bildung seines Publikums; in Raimunds bekanntestem Stück »Der Alpenkönig und der Menschenfeind« heißt die erste Titelfigur Astragalus und verweist wie Pocci den *Astraleus* auf die Sphäre der Sterne, lateinisch »astra.« – *Stultitia* und *Arrogantia* sind die lateinischen Vokabeln für Dummheit und Stolz, die sprichwörtlich auf einem Holz »wohnen« oder wachsen.

11 *Windspiel:* Besonders schneller, anmutiger Jagdhund.

Eichkatzl: Schon in »Hansel und Grethel« (Werkausgabe I,5, S. 20 und 205 sowie in anderen Stücken) erwähnt Casperl die Eichhörnchen als minderes Jagdwild.

Löbensaufgabe: Wie in anderen Stücken konfrontiert Pocci Herr und Diener auch durch ihren Gegensatz Idealismus/Materialismus: Indem Casperl den Leitbegriff des Prinzen wie üblich lautlich verfremdet (»Löben...«), steigert Pocci noch die Ironie gegen die hehren Auffassungen des Prinzen.

12 *hinter den Coulissen:* Das Spiel mit den Theaterrequisiten, hier zugleich mit den Beschränkungen der Puppenbühne, ist ein Beispiel für Poccis Spielen mit Mitteln der romantischen Ironie, der Bewusstmachung von Theaterfiktionen.

Prinz Arnold (allein): Ein Monolog, der nach Casperls vorangegangener Thematisierung des Essens mit der kompakten Einführung von Personal und Handlung Poccis Kunst der Exposition zeigt.

in grauem Kleide: Das Kleid und die Tauben (= Symbole der Friedfertigkeit) sind auch die Attribute Aschenputtels im Märchen.

welscher Kamin: französische (welsche) Kamine stehen vor der Wand.

15 *Meubel:* französische Schreibung für Möbel; auch als verächtliche Redensart für eine Person.

16 *Souper:* französisch für Abendessen.

16 *Mamsell:* Volkstümliche Verkürzung von »Demoiselle« oder »Mademoiselle« (= adeliges Fräulein, vornehme Dame), im Gegensatz zu den adeligen »Fräulein«.

17 *der Hunger:* Astraleus, die überlegene Figur in diesem Stück, setzt auch mit dem Thema ein, mit dem Pocci den Casperl das Stück eröffnen lässt. Hunger ist das Leitthema von Poccis Volksstücken für die große Bühne.

20 *stackst:* Vergangenheitsform des intransitiven Verbs »stecken«, das damals in edler Sprache stark reflektiert wurde (im Gegensatz zum gängigen, schwach reflektierten »steckte«).

22 *amöne:* Vom lateinischen Adjektiv »amoenus« für lieblich, vor allem in der Formel vom »locus amoenus« verwendete, sehr gewählte Wortwahl.

Manupropria: Lateinisch »mit eigener Hand«; Pocci kann mit gebildetem Publikum rechnen.

23 *Ohnmacht:* Stereotypes Zeichen für eine die Besinnung raubende Ergriffenheit, hier durch das Doppel als mechanische Reaktion lächerlich gemacht.

der Prinz ... hat: Die umständliche, tautologische Beschreibung verstärkt die Lächerlichkeit des Freiherrn.

24 *Anlehen:* Anleihe.

Podagra: Gicht.

kein Geld: Die für den Adel untypische Armut bestärkt der Eindruck, Pocci wolle mit dem unverhältnismäßig edlen Getue der freiherrlichen Familie deren Standesdünkel bloßstellen und den echten Adel der Titelfigur betonen.

moine Person: Casperl übertreibt die Vokale, wenn er vornehm redet, (vgl. »ödel« für »edel«). Der Tausch der Identität, im Monolog dem Publikum mitgeteilt, ist ein altes theatralisches Motiv: Schauspielerei wird ein Handlungselement, das nicht alle Figuren durchschauen.

25 *Parlez vous français?:* französisch für »Sprechen Sie Französisch?«

26 *Netterl:* Mädchenname, Verkleinerungsform von Anette, literarisch öfter belegt, auch bei Nestroy, hier mit einem leicht abschätzigen Beiklang einer netten, gefälligen Person.

Papa ... Pupu: Das Spiel mit den Vokalen, das die väterliche Autorität durch kindliche Ausdrücke aushöhlt, darf aufgrund der rigiden Moral der Zeit als geradezu umstürzlerisch angesehen werden. Pocci spielt auch in »Casperl als Porträtmaler« (Werkausgabe I,2, S. 138 und 203) auf der Basis des Namens eines Polizisten ganz ähnlich mit Klangreihungen, die für die Kinder natürlich besonders lustig wirkten.

Incognito: Der Vater kennt zwar den Prinzen nicht, wie er wenige Seiten vorher sagt; dass er aber in der Figur des Casperl den verkleideten hohen Adligen wahrnimmt, stellt ihn ein weiteres Mal infrage.

27 *Pschorr oder Spaden:* Namen zweier Münchner Brauereien, »Spaten« mit mundartlicher Färbung, Pocci zielt auf einheimisches Publikum.

Dinö: Von französisch »diner«, abendessen.

29 *Ba, ba, ba*: abwehrende Formel, kindersprachlich belegt.

ein schlecht Stückchen Brod: eine einfache Scheibe Brot, schlecht ist die mundartliche Schreibung für »schlicht«.

31 *enchantiert*: französisch für bezaubert.

32 *in den Rauch schauen*: Die Redensart für »bei einer Sache leer ausgehen« wird hier durch Aschenbrödels Platz am Kamin ganz konkret verwendet.

33 *Genius ... Genien*: Personifikationen aus der bildenden Kunst, oft in Kindergestalt.

34 *subordinirt*: untergeordnet.

honneurs: französisch für Ehrbezeugungen.

Schlipperment: ein in den Wörterbüchern nicht belegter, für Casperl typischer Ausruf; der Zusammenhang mit »schlippern« (= gleiten, ausrutschen) ist unklar.

35 *Reverenzen*: Verbeugungen.

schmoicheln: Casperls für vornehm gehaltene Aussprache: schmeicheln.

Deklination: Casperl hat vorher das Verb schmeicheln konjugiert. Er spricht hier von der Flexion des Substantivs, meint aber eine Deklaration, Erklärung.

36 *Kniknognito*: Lautmalerische Verdrehung von Inkognito, einem Auftritt in nicht erkennbarer gesellschaftlicher Position.
Complimente: hier Verbeugungen.
37 *Adonis*: Ein schöner Hirte, Liebling der Venus, der Göttin der Liebe.
Peischl: Beisl, wienerisch für Kneipe.
Degen: Pocci lässt den Casperl handfest die Regeln des Duellwesens ironisieren; zeitgenössische Studenten bereinigten in dieser üblichen, außergesetzlichen Form des Zweikampfes ihre mehr oder weniger gewichtigen Ehrverletzungen mit der Waffe.
38 *ein Traum*: Das Leben als Traum ist eine seit dem Barock bis hin zu Grillparzer belegte Metapher.
39 *Wandelstern*: deutsche Übersetzung von Planet, auf die poetische Sprache beschränkt; Metapher für etwas, was man nicht festhalten kann.
geloffen: bairische Form des Partizips »laufen«.
40 *Pedal*: Eigentlich die Klaviatur für die Füße bei Orgeln und Klavieren, vom Casperl aufgrund des lateinischen Wortes »pes, pedis« für »Fuß« falsch verwendet.
incommodiren: belästigen. Casperl durchbricht die Fiktion der Bühnenrealität, eine besondere Form der romantischen Ironie durch die Anrede an das Publikum.
41 *retiriren*: zurückziehen.
42 *Landläuferin*: Eine zweifelhafte Frauensperson, eine asoziale Vagabundin ist gemeint, wie auch mit der Commödiantin, einer Schauspielerin von den Wanderbühnen.

Der artesische Brunnen
Quellen und Anregungen

Pocci variiert in dem Stück ein schon öfter erprobtes Handlungsschema: Casperl verschwindet bzw. kehrt nach einem überraschenden Verschwinden in seine vertraute Umgebung zurück, wo man ihn dann »noch gerner« hat oder auch fröhlich empfängt, einfach weil er nicht zu Grunde gehen kann und darf. Angebahnt mit der »Expedition« in »Madame Kasperl« (I,1, S.43-53), ausgeführt in »Casperl unter den Wilden« (I,2, S.35-50), in »Das goldene Ei« (I,3, S.9-19), variiert in »Die Zaubergeige« (I,4, S.129-169); in »Kasperl als Prinz« (I,4, S.171-193) kommt er sich gleichsam selbst abhanden, schließlich in »Das Glück ist blind« (I,5, S.99-126) und »Das Eulenschloß« (I,5, S.159-190): Immer wieder wechselt Casperl freiwillig oder unfreiwillig seinen Ort oder seine Rolle, er bleibt weder wo er war, noch wer er ist, um am Ende wieder ganz zu sich, zu seiner Gretl oder in sein Wirtshaus zu kommen und in gewohnter Umgebung seine soziale Funktion zu übernehmen.

So viel Aufwand allerdings wie in »Der artesische Brunnen« entfaltet Pocci in keinem anderen Stück für seinen Larifari. Möglicherweise durch die Posse des Komikers Gustav Raeder (1810-1868) angeregt, wo Leute jedoch mit anderen Zielen verschwinden, wählt Pocci den Durchstich durch den Mittelpunkt des Globus, um

Casperl allerdings auch nur auf die »Urbajoaren«, d. h. ebenfalls Bayern, treffen zu lassen, wie ein eigens ins Stück genommener pseudowissenschaftlicher Kommentator erklärt.

Zu Beginn des 2. Aufzuges, in dem Casperl eine Prüfung zu bestehen hat, klingt in Szenerie und Handlung Mozarts Oper »Die Zauberflöte« an, Casperl verhält sich wie Papageno; vgl. »Casperl in der Zauberflöte« im 6. Band des »Lustigen Komödienbüchlein«.

Worterklärungen und Erläuterungen

47 *Titel:* Mit einem artesischen Brunnen wird seit früher Zeit unter Ausnützung von Landschaftsform und Bodenbeschaffenheit Wasser gefördert: Am tiefsten Punkt einer Senke bohrt man einen Schacht bis zu einer wasserundurchlässigen Schicht hinunter, aus dem das in darüber liegenden Schichten nach dem Prinzip der kommunizierenden Röhren zusammenlaufende Grundwasser bei entsprechender Fassung wie ein Springquell aufsteigt. Im Stück stößt die Bohrung durch die ganze Erde und damit müsste das in der Rahmenhandlung so dringend benötigte Wasser auch abfließen – aber auf solch einem Realismus ist das Stück nicht aufgebaut! Die Handlung funktioniert so, dass Casperl durch die Bohrung rutschend auf der südlichen Hemisphäre landet, wo die Mapuchen leben, ein Indianerstamm Patagoniens, im Stück: die *Leuwutschen,* in deren Namen »Leu«, Löwe, das bayrische Wappentier, und die damalige Bezeichnung der Ureinwohner, »Chuelche« (=Tschultschen, Südvolk) anklingt. Es handelt sich um besonders exotische, damals gerade kolonisierte Gefilde, über die im letzten Viertel des 19. Jahrhunderts viele Berichte erschienen. Das Stück war aktuell und wird durch seine Entstehung (Erstaufführung im September 1871) in der Zeit der preußischen Reichsgründung zu einem patriotischen Dokument für weltweites Bayerntum. – Für Pocci heißt das natürlich, dass der Patriotismus ironisch gebrochen wird. Auch ist das nur sehr selten im Sinne von »zuziehen«, als Ergänzung zum dramaturgischen Begriff »Aufzug« verwendete Wort »Zuzug«, als ein ironisches Wortspiel gemeint.

48 *Personen:* Der Wirt *Stopselberger* als Hauptfigur des Rahmens trägt einen typischen Namen: Ein aus unterschiedlichem Material hergestellter Stopsel verschließt Flaschen; *Lenzelbauer* ist ein typischer Hofname, wie ihn neben dem Familiennamen bayerische Bauern trugen. Mit *Milili* spielt Pocci auf den populären Roman »Mimili« (1816) von Heinrich Clauren an; bei *Halamilari* klingt Militär an.

49 *d'Wirtschaft übernehmen:* Die Ablösung der Generationen als Besitzer oder Bewirtschafter von Höfen oder Häusern ist ein überaus häufig belegtes Motiv in der volkstümlichen Literatur.

Eingrasen: für das Vieh frisches Grünfutter besorgen.

50 *Salesianerinnen:* sozial orientierter Nonnenorden.

51 *Dechtlmechtl:* bairisch für geheime Verabredung, Einverständnis, Liebesverhältnis.

Moßiö: von französisch »monsieur«, mein Herr.

Flügelkleid: am Rücken offenes Kleid für Kinder beiderlei Geschlechts, Anklang an das beliebte Lied »Als ich noch im Flügelkleide …«, mit dem kindliche Unschuld signalisiert wird; es wird auf eine Melodie aus Mozarts Oper »Don Juan« gesungen.

52 *auf a Halbi:* Verabredung zum Bier trinken, auf ein Halbliterglas.

Gumper: Kolben in einem Pumpwerk.

53 *Malefizgeschicht:* als Teil verschiedener Komposita bezeichnet »Malefiz« Unrecht, Verbrechen, hier: Ärgernis.

angschafft: bairisch für auftragen, anordnen.

fugato: Stimmführung nach Art einer Fuge.

54 *differentialisch:* mathematischer Begriff, der die Berechnung besonders kleiner Veränderungen von Funktionen betrifft.

Kronometer: Zeitmesser, Uhr.

55 *Fatalität:* Schicksalsschlag.

Capillarität: Als Kapillaren bezeichnet man haardünne Gefäße, in denen Flüssigkeit dank molekularer Vorgänge ansteigt.

56 *Malhör:* von französisch »malheur«, Unglück.

57 *Lied:* ein auch thematisch in der Tradition Raimunds und des Wiener Volkstheaters typisch kommentierendes Aktschluss-Couplet, vgl. das Hobellied in Raimunds »Verschwender« (3. Aufzug,10).

59 *Famulus:* wissenschaftliche Hilfskraft.

Gnaden: verkürzte Anrede von »Euer Gnaden«.

60 *Das chaotische … Wasserregion:* Wissenschaftsjargon, wie ihn Pocci wiederholt in seinen Stücken lächerlich macht: Zwiebelmaier mischt Begriffe, die die Konsistenz des Erdreichs betreffen mit denen zur vulkanistischen oder neptunistischen Erdentstehung, d. h. durch Wasser oder Feuer.

Eimer: altes Hohlmaß, etwa 60 Liter.

den blauen Teufel: als Redensart nicht nachgewiesen, blau kann negativ verstärkende Bedeutung haben.

62 *Theaterdirektion:* Indem eine Figur aus dem Stück in Kontakt zum Veranstalter des Theaters tritt, durchbricht sie die Fiktion der Handlung – ein kennzeichnendes Element romantischer Ironie.

Antipoden: die Gegenfüßler.

63 *Urbajoaren:* Gemeint sind die Ur-Bayern, in der Diskussion über deren Herkunft wurde der Name in unterschiedlichen Lautungen, hier nach den in Schmellers berühmtem »Bayerischem Wörterbuch« belegten Zitaten römischer Historiker »Boioarii« geschrieben.

Coulissen: ein Parallelfall zu Theaterdirektion, vgl. die Anmerkung oben.

kartesisch: Casperl verwechselt cartesisch mit dem zum Philosophen Descartes (Cartesius) gebildeten Adjektiv, das vor allem im Zusammenhang mit dessen »cartesischem Taucher« verwendet wird.

Prozupiß: Casperl verballhornt hier das lat. »praecipitum« für eine abschüssige Stelle, auch chemische Ausfällung, Niederschlag.

logiren: wohnen.

Antipo-po-po-poden: Wie öfter – vgl. unten Mili-li-pi-pi-pi – lässt Pocci den Casperl zur Freude der Kinder mit geeignet anzüglichen Wörtern spielen.

64 *Wösen:* Casperl spricht, wenn er vornehm reden möchte, das »e« immer volltönend aus. Vgl. Anfang des 3. Aufzuges sein »sehr hochdeutsches« Reden (S.72 f.).

Wutscherl: Wutzerl steht süddt. für ein kleines, niedliches Kind.

Hocuspocusmuß: Casperl missversteht die Kokosnuss als ein essbares Mus, das aus einer Gaukelei, Vorspiegelung gemacht ist.

Heidaxen: bairische Bezeichnung der Eidechse.

65 *Alloh:* von französich »allons« (gehen wir, voran!).

66 *die Jour:* Tag, an dem jemand Dienst hat.

sichte vor: Casperl bildet mit Anklang an Vorsicht einen komischen Imperativ, zu »sich vorsehen«.

67 *Hoffourier:* Hoflieferant.

68 *Candelaber:* mehrarmiger Leuchter.

Schulpreis: Belohnung für Schüler nach bestandenen Prüfungen. Eine wohl aktuelle Anspielung

70 *Capitolium:* scherzhaft für nicht ganz richtig im Kopf; sonst Name eines römischen Hügels, dessen Name auf eine Schädelstätte zurückgeführt wird.

Zeichen der Heimath: Es geht um den auf der Titelvignette des Stücks abgebildeten Bierkrug.

71 *Rallala:* häufige Formel in Refrains bzw. Teilen der Refrains in Volks- und Kinderliedern wie »Fiderallala«. Vgl. den Anfang des 4. Aufzuges in »Casperl wird reich« (S. 114).

Hax: bairisch für Bein, Anklang an »Hurax dax packs beim Hax«, einen übermütigen Ausruf; als Liedtext bei Ludwig Ganghofer öfters erwähnt.

72 *Vivat:* lateinisch für »er lebe hoch.«

73 *Leibhofluftballon:* »Leib« bezeichnet in Komposita die besondere Nähe zum Herrscher, »hof« ordnet noch einmal den Ballon dessen Milieu zu. Ballonaufsteigen gehörte zu den populärsten Attraktionen.

74 *hineinsitzen:* bairisch für »sich hineinsetzen«.

75 *Kreuztibidomine:* eine milde sakrilegische Verwünschung, bei der das häufig bei Flüchen verwendete Kompositwort »Kreuz« mit den Formeln aus der katholischen Messe – laus/gloria/confiteor tibi domine: d.h. Lob/Ruhm/Ich gestehe dir, o Herr! – verbunden ist.

Metten: mundartlich für das Lärmen bei der Messe, bei der man auf den Verräter Judas einschlug, auf jede Art von Radau übertragen.

mordalisch: nicht belegtes Synonym zu »mörderisch« mit dem von fiskalisch und anderen Adjektiven bekannten Suffix.

76 *Gfrett:* bairisch für »Mühsal«.

Ducket: bairisch für Deckbett.
Stadlwiesen Krautgartenwiesl: typisch lokale Bezeichnungen für Wiesenstücke bzw. eine kleine Wiese.
eppes: mundartlich für »etwas«.
77 *kaltesisch:* das Fremdwort macht den Bauern Probleme, vgl. Casperls Benennung S. 63
Gott tröst 'n: bairische Formel, die man einem Toten widmet, »Gott tröste ihn!«
Brunnen: Eine Figur als Schutzpatron für Brunnen, Brücken u. a. gehört in katholischen Gegenden zum Brauchtum, insofern ist Casperls Auftritt passend inszeniert.

CASPERL ALS TURNER

Quellen und Anregungen

Die Vignette auf dem Titel zeigt mit seinen charakteristisch langen Haaren den Förderer der Turnkunst und Professor für »altdeutsche Sprache und Litteratur« (sic!) Hans Ferdinand Maßmann (1797–1874), das Ziel von Poccis Spott in dem kleinen, bewusst anspruchslosen Zwischenspiel. Die beiden von Maßmann vertretenen Fächer gehörten, nachdem Turnvater Friedrich Ludwig Jahn (1778–1852) gegen die napoleonische Besatzung der deutschen Staaten durch sprachlich-literarische wie sportliche Aufrüstung mobil gemacht hatte, eng zusammen. Vor ihm gab es das Wort »turnen« noch nicht einmal, Jahn hat es, angelehnt an mittelalterliche Turniere, in seinem patriotischen Furor erst Anfang des 19. Jahrhunderts geprägt. – Maßmann gehörte zu seinen engsten Anhängern, er wirkte durch die 1827 erfolgte Berufung nach München vor allem in Bayern, war der Lehrer von Poccis Generationsgenossen im Kadettenkorps und leitete ab 1828 die neu eröffnete königlich-öffentliche Turnanstalt. 1843 ging er nach Berlin. Als Gründungssekretär gehörte er zu den »Zwanglosen«, einer geselligen Vereinigung von Münchens geistiger und gesellschaftlicher Elite, an der wesentlich auch Pocci teilnahm. Er hat Maßmanns wilde Frisur auch noch auf einer Karikatur mit weiteren Gesellschaftsmitgliedern und seine Berliner Unternehmungen auf einem Bilderbogen verewigt.

Mit dem Turnen greift Pocci also ein aktuelles Thema auf und setzt sich mit den zeitgenössisch aktuellen Themen wie Patriotismus und Demagogen-Verfolgung auseinander; vgl. dazu »Der artesische Brunnen«, in dem es – statt um preußische – um bayerische Weltgeltung geht.

Worterklärungen und Erläuterungen

82 *Personen: Casperl* ist in diesem Stück wieder einmal verheiratet. – Pocci wählt sprechende Namen für den Arzt und Turner. Die Bezeichnungen für die Turngeräte gehen auf Turnvater Jahn zurück, er hat den Barren erfunden.
83 *Homöopathie und Allopathie:* als gegensätzliche Heilverfahren, waren seit Hah-

nemanns (1755-1843) Auftreten, der die erstere entwickelte, lebhaft diskutiert. Die Homöopathie galt den Vertretern der Schulmedizin stets als eine die naturwissenschaftlichen Traditionen gefährdende Konkurrenz.

84 *'s passirt:* es geht so.

Piedestal: eigentlich Sockel, hier metaphorisch für die Füße verwendet. Vgl. zu *Pedal* S.40.

discuriren: besprechen, bereden, unterhalten, mit Anlehnung an französisch »discours«.

Motion: Bewegung.

Maßl: Ein sehr aktuelles Thema wird berührt: das alte Getränkemaß waren 1069 ccm, 1869/72 wurde es genau auf einen Liter (= 1000 ccm) herabgemindert, Casperl plädiert natürlich für mehr.

85 *Obstructionen, Constipationen:* Verstopfung und Darmträgheit, die medizinischen Begriffe werden von Casperl als Zerstörungen und Verschwörungen missverstanden.

Anschoppungen: bairisch für das Mästen, Vollstopfen mit Nahrung.

86 *Frauenthurm:* Das Stück ist in München, der Stadt der Frauenkirche, lokalisiert: Casperl versteht das neue Wort »Turner« in einer öfter belegten Verwendung synonym zu »Türmer«. Auf einem Turm der Münchner Frauenkirche war eine Feuerwache eingerichtet.

deutsche und lateinische Schulen: Volksschulen und Gymnasien. Seit 1872 gab es in München eine Turnlehrerbildungsanstalt. Turnunterricht war nach 1860 allgemein vorgeschrieben, wurde aber auf dem Lande erst zögerlich eingeführt. Pocci thematisiert pädagogische Neuerungen, die vor allem die Kinder betrafen.

Commotion: Unruhe, Erschütterung.

87 *Bureaux:* alte Pluralbildung nach französischem Vorbild.

Staatsdiener: vgl. Poccis Satire »Der Staatshämorrhoidarius« (Werkausgabe III,1), entspricht dem Tagesablauf der Titelfigur.

brüllt singend: die Pflege deutschen Liedgutes gehörte zu den patriotischen Anliegen der Turner.

91 *stößt immer zu:* Der Radau, auf den vor allem die Dult-Kasperl-Stücke enden, hat hier eine karikierende Funktion und ist nicht Selbstzweck wie dort: Mit ihm rächt Casperl nicht nur die Schnorrerei des Turners, Pocci richtet seine Satire auch gegen die programmatische, weil für uriges Germanentum gehaltene Grobheit der Turner.

92 *Walkyre:* Die Walküren waren in der nordischen Mythologie Kampfjungfrauen, die im Göttersaal Walhall den gefallenen Helden die Trinkhörner reichten – eine besonders pathetische Anrede für eine Bedienung und wohl auch ein Seitenhieb auf Wagners Oper, den ersten Teil des »Ring«. Pocci war ein Wagner-Gegner. (vgl. »Die Zaubergeige« in Werkausgabe 1,3 mit Anmerkungen).

CASPERL WIRD REICH.

Quellen und Anregungen

Das Stück weicht merkwürdig von den anderen Casperl-Komödien ab: Statt einer kausal ablaufenden Handlung besteht es aus diversen, locker gereihten Episoden. Es erschließt sich wohl aus Gattungsbegriff im Untertitel: Die romantischen, oft genug trivialliterarischen »Schicksalsdramen«, zu deren berühmtesten Beispielen Grillparzers »Ahnfrau« und Platens Gattungs-Parodie »Die verhängnisvolle Gabel« gehören, reihen wider die Logik alle möglichen Schauereffekte, Zufälle und Verhängnisse aneinander und zielen auf Gruseln und Erschütterungen beim Publikum.

Pocci liefert mit seinem Stück eine der zahlreichen Parodien auf die bald wieder verebbende Gattung: Casperl durchläuft unterschiedliche Situationen und Milieus, die wie Versatzstücke aus anderen Texten wirken. Nach einem Monolog, der angeblich nur spielerisch gehalten wird, um das Stück zu beginnen, setzt die faustische Geistererscheinung für Casperl eine eigene Wirklichkeit und führt ihn durch eine Gruselszene, die aber ohne die entscheidende Auffindung des Schatzes auskommt, zum Reichtum. Als reicher Mann spielt er incognito und verkleidet den Grobian, der sogar den Scheintod einer Figur verursacht, und landet, wieder ohne die Darstellung der entscheidenden Gefangennahme, im Gefängnis, aus der ihn der Eingriff des Geistes nicht nur befreit, sondern auch noch zum Unschuldsengel erklärt.

Worterklärungen und Erläuterungen

96 *Titel und Personen: Casperl* ist als Figur durch alle Stücke hindurch eigentlich auf seine Armut festgelegt, insofern enthält der Titel eine Spannung; aber am Ende des Stücks wird auch kein reicher, sondern ein verarmter tugendreicher, wenn auch nicht ganz unschuldiger *Casperl* gefeiert. Nicht sein mit faustischem Pakt erworbener Reichtum, sondern seine Hilfe für einen Geist rettet ihn aus der Gefangenschaft. – Er ist hier wieder einmal mit seiner *Grethl* verheiratet. – Der Schneider hat einen typisch sprechenden Namen.

97 *melancholisch-philosophisch:* Die Melancholie galt seit der Renaissance als das tiefsinnige Temperament des geistigen Menschen, erst später wurde sie zu einer Gemütskrankheit.

Doktor Faust: Gestalt des deutschen Volksbuchs, des Wissenschaftlers, der es um seiner Erkenntnisse willen mit dem Teufel aufnahm; ein Puppenspiel-Stoff mit langer Tradition vor Goethes Drama.

klistirt: Obwohl er das Wort 12 Zeilen früher richtig ausspricht, lässt Pocci es ihn hier zu »einen Einlauf machen« verdrehen, nachdem das Gespenst nämlich »citirt« im Sinne von »angerufen« verwendete.

98 *die Commödie:* Pocci spielt mit der romantischen Ironie, der Selbstthematisierung des Theaters: Der Geist behauptet seine Realität für den Casperl, er ist keine Fiktion!

Kouraschi: von französisch »courage«, Mut.

99 *Waldjackel:* typ. bairisches Namenskompositum, »der Jakob aus dem Wald«.

die Verbrecher ... incognito: Mit der Verabschiedung der Abschreckungstheorie in der Strafjustiz wurde im 19. Jahrhundert die öffentliche Hinrichtung abgeschafft.

100 *Converschnation:* Casperl verdreht das Fremdwort Conversation für Gespräch.

Pradutsch: sonst nicht belegte Wortverdrehung von Patsche, wörtlich »ein Haufen Dreck«, hier redensartlich übertragen auf eine unangenehme Situation.

Meubel: französische Schreibung für Möbel, damals üblich.

101 *decretirt:* Casperl meint »citirt«, zur Polizei bestellt.

102 *Somnambul:* Eine Somnambule ist eigentlich eine Schlafwandlerin; der Begriff erfuhr durch die Versuche mit tierischem Magnetismus und Hypnose in der Zeit der Romantik eine Ausweitung auf Trancezustände, Divinationen und andere übersinnliche Phänomene.

Justinus Kerner: Dichter (1786–1862) und Arzt mit spiritistischen und okkultistischen Neigungen, der lebhaft mit Pocci korrespondierte und Beziehungen zur Münchner Residenz und den Romantikern um Ludwig I. unterhielt.

petschiert: eigentlich von »Petschaft«, Siegel, soviel wie versiegelt, übertragen auch für verlegen, blamiert; aufgrund des Anklangs an Patsche.

103 *Herr von Kater:* sprachliche Unterwürfigkeitsformel, später wird Casperl als reicher Mann so angeredet.

magischer Gürtel: vgl. die Titelvignette, auf der Casperl einen solchen Gürtel mit magischen Zeichen trägt.

Caspar ... Larifari: Casperl ergänzt seinen Namen durch die der anderen zwei von den drei heiligen Königen, die in katholischen Gegenden durch ihre Feier am 6. Januar und die alljährlich auf den Haustüren erneuerten Initialen CMB mit der neuen Jahreszahl jedem Kind bekannt waren.

Holofernes: Ein Feldherr Nebukadnezars, der von Judith, Titelheldin einer apokryphen Schrift aus der Zeit des Alten Testaments, bei Belagerung ihrer Heimatstadt enthauptet wurde.

104 *Schwurgericht:* Als Richter für allgemeine Verbrechen fungieren auch nicht juristisch gebildete Geschworene.

105 *Hinter die Coulissen:* wieder ein Beispiel für romantische Ironie: Die Geister thematisieren die Bühneneinrichtung.

106 *Eingmachten:* das Fleisch wird gekocht und dann in einer Einbrennsauce (Mehlschwitze) serviert.

Extrigs: mundartlich für »etwas Besonderes« (von »Extra«).

Ebbes: mundartlich »etwas.«

auf Commission: einen Auftrag erledigen.

Wittib: Witwe.

Joli: französisch für »hübsch«, Bezeichnung für Schoßhunde.

Materialist: Einzelwarenkaufmann, Kolonialwarenhändler für Gewürze, auch Drogerie.

108 *Scharteken:* verächtlich für alte Bücher, Schriften, redensartlich auf Personen übertragen.

Trifolium: lateinischer Begriff für Klee, für ein Dreiblatt, hier auf die drei Frauen übertragen verwendet.

Privatier : Casperl reimt die beiden Titel mit »Auweh« – dreimal steht ein Ausrufezeichen.

Mäh: Der Ziegenbock ist das Spott-Attribut der Schneider.

109 *Maß:* ein Ein-Liter-Krug.

Conto: italienisch für Rechnung.

110 *Herrn Casperl von Larifari:* vgl. mit S. 103.

Bandelir: Ledergurt, der von der linken Schulter zur rechten Hüfte hängt, eigentlich für Patronentaschen.

111 *Schellnober ... Eichelzehner:* Spielkarten in deutschen Kartenspielen, hier statt Visitenkarten.

nicht zu Hose: Wie auch in der weiteren Rede tauscht Casperl, um einen vornehmen Eindruck zu erwecken, die Vokale aus: »nicht zu Hause« ist gemeint.

Vui: französisch »oui« ist gemeint.

Stockfranzose: Bairisches Kompositum für jemanden, der nur Französisch versteht. »Stock« ist generell eine verstärkende Vorsilbe, z.B. stockfinster.

114 *Fatalitäten:* Unannehmlichkeiten.

115 *Morithat:* Gattungsbegriff für Bänkelsang, von Mordtat abgeleitet.

abgemuxt: »murksen« oder »abmurksen« ist mundartlich verbreitet für schlecht arbeiten bzw. quälend ermorden.

Politiv: Der Polizist ist gemeint.

Inspizien: Die Indizien sind gemeint.

berlicke, berlacke: Mit diesem Ausruf beschworen Gaukler und Puppenspieler Geistererscheinungen, hier: »mal so, mal so«.

Quetschenbrüh: Das Wort bezeichnet eine Sauce aus Dörrpflaumen (Zwetschgen), die zu Dampfnudeln gegessen wurde, hier spielt es auf das berühmteste Hamlet-Zitat an: »to be or not to be, that is the question« und rundet am Schluss des Stückes die Schicksalsthematik ab (vgl. Untertitel des Stücks und die Redensart »ich sitze in der Sauce!«, auf die der folgende Satz anspielt).

Hamlet in der Zauberflöten: Die berühmteste Shakespeare-Gestalt versetzt Casperl in die bekannteste Mozart-Oper, Pocci kann ein informiertes Publikum voraussetzen.

Der Zaubergarten
Quellen und Anregungen

Das Interesse für Botanik hatte in München zeitgenössisch einen aktuellen Grund: 1854 wurde auf dem Gelände des Botanischen Gartens im Zentrum der Stadt der Industrie-Ausstellungspalast, später allgemein als Glaspalast bekannt, gebaut und der neue Garten an den Stadtrand verlegt. Der weltberühmte Botaniker

Karl F. Ph. von Martius, Direktor des Gartens und auch allgemein kulturell anregender Wissenschaftler, quittierte deswegen seinen Dienst.

Worterklärungen und Erläuterungen

117 *Titel und Personen:* Der Untertitel meint eine zwischen die Akte eines ernsten Stücks eingeschobene Aktion, eine Nebenhandlung im barocken Theater, an dessen Tradition Pocci in mehreren Stücken ja auch anschließt. Hier als Relativierung des Gewichts der Handlung und als Dämpfung von Erwartungen zu verstehen. Unter den drei sprechenden Namen setzt die Hauptfigur lateinische Kenntnisse voraus: *Pomologus* ist Vertreter der Pomologie, der Kunde von Obstbau und Obstsorten, die nach Auskunft zeitgenössischer Lexika als Wissenschaft im 19. Jahrhundert besonderen Aufschwung durch umfängliche systematische Veröffentlichungen erhielt.

119 *Spritzkrug:* Gießkanne.

Fritiallaria: Kaiserkrone, aus dem Orient importierte, blühende Pflanze aus der Familie der Liliengewächse: bis zu 1 m hoch.

Zitronenvogel: Zitronenfalter, Anklang an das englische »butterfly« und den Ausdruck »Sommervögel« für Schmetterling.

Centifolia: lat. für die hundertblättrige, stark duftende Rosensorte. Wird später als Name der verstorbenen Frau des Pomologus verwendet.

Prognosticon: Astrologische Tafel, die das Schicksal voraussagen lässt, Horoskop.

120 *Öhre:* Casperl spricht, wenn er vornehm zu reden versucht, das »e« besonders klingend aus.

Hortologe: Von lat. »hortus«, der Garten: Gartenkundiger.

Dromologus: Typische Wortverdrehung des Casperl. Es klingt griechisch »dromos«, der Wettlauf, an.

121 *Naturspundiger:* Typische Wortverdrehung Casperls mit der Assoziation zum Bier via den Verschlusszapfen für ein Bierfass: Spund.

Fumulus Topanicus Fusite Spromoligus: Casperls Wortverdrehungen für Famulus, wissenschaftliche Hilfskraft; für Botanicus, den Pflanzenkundler; für Visite, Besuch; Spromoligus für den Namen der Hauptfigur.

berlinerisch: Die landsmannschaftlichen Antipoden zu den Bayern – besonders ausgeprägt gerade zur Bismarckzeit, in der das Stück entstand – waren die Preußen: Ein Berliner ist Inbegriff des Preußen. Die flotte Redeweise und das »j« statt »g« sind typische mundartliche Eigenheiten. Zugleich ein Zeugnis der Animosität gegen die sogenannten »Nordlichter«, die von König Max II. nach München berufenen norddeutschen Wissenschaftler und Dichter.

122 *kirre:* zahm, gefügig; in oberdeutschen Mundarten, also auch im Bairischen nicht geläufig.

Zwiefel: bairisch für die Zwiebel.

123 *Schikanederie:* Casperl meint Schikane; der Name Emanuel Schikaneder (1751–1812), Lustspieldichter und Librettist der »Zauberflöte«, klingt an.

opferiert: offeriert, angeboten.

Eselsohren: Die Szene erinnert an Shakespeares Mitsommernachtstraum, wo einer Figur ebenfalls Eselsohren wachsen. Pocci spielt mit einer Art Bühnenzitat.

echauffirt, calmirt: französische Modeausdrücke: erhitzt, beruhigt.

Flora: Lateinisch für das Pflanzenreich.

125 *complimentiert:* Eigentlich höflich und zeremoniell behandelt, hier Missverständnis von »kompromittiert«, bloßgestellt.

Nussbaum: Johann Nepomuk Nussbaum (1829–1890) war bedeutender Chirurg und Augenarzt an der Münchner Universitätsklinik.

126 *Phisionomie:* die Physiognomie, das Gesicht, Aussehen.

CROCODILUS UND PERSEA

Quellen und Anregungen

Es ist eines der buntesten und auch übermütigsten Stücke Poccis: Der aktuell technische Fortschritt wird ebenso beklagt wie die zum Schlagwort entleerte »Humanität« lächerlich gemacht; orientalische Zauber- und Märchenwelt mischt sich mit grober Kasperl-Handlung und rührend fabulierender Familienzusammenführung, und alles nur, um mit Casperls Promotion zum orientalischen »Weisen« zu schließen.

Die Aktualität und die Märchenelemente bieten eine Folie, vor der die Erhöhung der Zentralfigur wohl nur deswegen nicht lächerlich oder als absurdes Theater wirkt, weil man Poccis Sympathie für seinen »Helden« kennt.

Worterklärungen und Erläuterungen

128 *Titel und Personen:* Das Krokodil gehört aufgrund seiner expressiven Bedrohlichkeit zum Standardpersonal auch kleinster Puppentheater, es kann immer auf Effekte beim Publikum rechnen. *Persea* ist ein botanischer Begriff für einen nur in den Tropen vorkommenden Baum aus der Familie der Lorbeer-Gewächse, hier wohl als weibliche Form zu Perseus, Name eines Sternbildes und antiker Helden, zu verstehen; wie im Namen der Tochter das Cymbal anklingt, ein exotisches Musikinstrument, assoziiert man mit den ersten drei Namen vor allem ferne Gegenden – ganz im Gegensatz zu den sprechenden Namen des Müllers und des Tierschaubesitzers.

Die Ägyptomanie der Zeit, das allgemeine Interesse für Ägypten, bestimmt auch schon Poccis Stück »Kalasiris, die Lotosblume« (vgl. dazu Werkausgabe 1,4 S. 198f.); damit erklärt sich die Selbstverständlichkeit, mit der auf den Nil und die Pyramide des Schlussbildes angespielt werden kann.

129 *Logie:* Unterkunft.

Freiheit ... Einigkeit, Frieden: Die politischen Ideale des Vormärz erscheinen nach der Reichsgründung als leere Begriffe angesichts der Geldnot der armen Bevölkerung. Pocci beginnt mit erstaunlich offener Zeitkritik.

Batzen: Doppelsinnige Bezeichnung einer Münze, zeitgenössisch für vier Kreuzer, und als Mengenbezeichnung speziell für auf dem Markt gekaufte Eier verwendet.

130 *Eine Kaffeschalen:* bairisch/österreichisch für Tasse.

131 *Schamfuso:* unklar; »fuso« kommt möglicherweise vom (nicht bairischen) »fuss« (= fuchsrot).

per se: lateinisch für von selbst; Casperl verballhornt den Namen.

132 *Schlaucherl:* von »schlau«, bairisch für einen schlauen, gewitzten Menschen.

133 *Reat:* gerichtlicher Streitgegenstand.

Allo!: von französisch »allons«, Los!

134 *magisch-electrischer Zaubergürtel:* Vgl. S.139, wo Crocodilus mit noch größerem Aufwand an Begriffen der romantisch-spekulativen Naturwissenschaft seine Errettung aus der Menagerie und die letztlich durch Casperl bewerkstelligte Zusammenführung seiner Familie erklärt. Beide Male ironisiert Pocci irrationalistische Strömungen seiner Zeit.

136 *Comödi:* allgemein für das Theater verwendet.

Zauberflöte: Mozarts Oper ist gemeint, durch die auch die folgenden Namen geläufig waren.

137 *Schnadahipferl:* Vom bayerischen Schnittertanz und dem dazu gesungenen, oft aus dem Stegreif gedichteten Lied abgeleitete einfache, vierzeilige Strophenform.

Ducket: Bettdecke.

138 *Plümeau:* französisch für Bettdecke.

vacierende Schauspielerin: Sie gehört zum fahrenden Volk einer Wanderbühne und ist eine gesellschaftlich zweifelhafte Person.

Volkstheater: im Gegensatz zu den Hoftheatern meist in den Vorstädten angesiedelte Bühnen mit einem anspruchloseren, dafür aber aktuelleren Programm.

dem hochgeehrten Publicum: Die Selbstvorstellung ist der romantischen Ironie zuzurechnen, die Figur verdeutlicht ihren Spielcharakter, indem sie selbst die Exposition übernimmt.

139 *Menageriebesitzer:* Besitzer einer Tierschau, die von Ort zu Ort zieht.

producirt: vorführt.

magisch ...: vgl. oben zu S. 134.

Reaumur: Name eines französischen Naturwissenschaftlers des 18. Jahrhunderts, der eine eigene Temperaturskala bestimmte, heute durch Celsius ersetzt; 20° Re entsprechen 25° C.

140 *Mnevis Lepidotos:* Die ersten fünf bezeichnen ägyptische Gottheiten, die beiden letzten den Nilhecht und den Nilkarpfen; vgl. S. 128 oben.

142 *promotio Schnereberi:* eine vom Casperl verballhornte Diagnose: commotio cerebri, das ist die Gehirnerschütterung.

143 *Hinter den Coulissen:* Beispiel für die romantische Ironie, Casperl macht die Bühnenelemente bewusst.

Lavor: französich »lavoir« für Waschplatz; Waschbecken ist gemeint.

abschnappen: Bildlicher Ausdruck für Sterben, passt hier zum Krokodil.

144 Crocodrill: Casperl lehnt seine Wortverdrehung an italienisch »cocodrillo« an

Zorn der Götter: Der Zorn Gottes als Gegensatz zu seiner Gnade ist häufig in der Bibel und religiösen Sprache belegt: Casperls Andeutung »seines Glaubens« verleiht dem Stück eine fast theologische Dimension, die seine Erhöhung am Schluss unterstützt.

146 eleusinische Geheimnisse: In Eleusis, in der Nähe von Athen, wurden im Altertum Geheimgottesdienste zu Ehren von Naturgottheiten gefeiert; mit der Erwähnung der Freimaurer, einer nicht-kirchlichen, von mancher Mystifizierung umgebenen Gesellschaft, an deren Spitze der Meister vom Stuhl steht, entrückt Persea in ihrer Rede den Casperl in sehr erhabene Sphären. Casperls Missverständnis der Freimaurer als gratis arbeitende Handwerker holt das Gespräch auf eine profane Basis zurück.

VIVAT: lateinisch für »Er lebe hoch!«.

Genien: allegorische Figuren, meist Knaben, die abstrakte Werte verkörpern; eine parodistische Anspielung auf Schlussapotheosen der großen Bühne.

SCHIMPANSE DER DARWINAFFE
Quellen und Anregungen

1859 erschien von Charles Darwin (1809–1882) die Epoche machende Studie »Über die Entstehung der Arten«, ein sogleich weltweit übersetztes, diskutiertes und für viele Wissenschaften fruchtbares Werk über die Evolution. Es erschütterte jedoch durch die Erklärung, der Mensch stamme vom Affen ab, nicht nur den biblischen Schöpfungsglauben, sondern nagte auch am menschlichen Selbstbewusstsein. Deswegen stieß Darwins Schrift (und stößt immer noch bei religiösen Fundamentalisten) auf heftige Abwehr.

Zeitgenössische Karikaturen stellten den Forscher als Schimpansen mit weißem Rauschebart dar.

In seinem Intermezzo setzt sich Pocci kaum mit den Thesen Darwins auseinander – allenfalls macht er die Vereinfachung dieser Thesen durch das naiv-wissenschaftsgläubige Fräulein lächerlich. Der Dichter spielt mit dem neu angefachten Interesse für die Affen ebenso, wie er in »Der artesische Brunnen« mit physikalischen oder geographischen Kenntnissen umgeht. – Viel wichtiger sind die für Casperl eröffneten Spielmöglichkeiten: Dass das von einem Forscher importierte Tier stirbt, schafft ihm Gelegenheit, seinen Wohnungsnöten zu entfliehen und in die Sphäre eines Forschers einzudringen, um dann im Kostüm eines Affen sowohl die Anbeterin des Forschers als auch das Verhalten der Stadtverwaltung lächerlich zumachen: Er benimmt sich dabei viel wilder, als man es zuvor von dem Affen gewohnt war: Gleichsam die unbeherrscht-unzivilisierbare Natur repräsentierend, für die man sich dank Darwin zu interessieren lernte, rächt er sich an den ihn bedrängenden »unnatürlichen« Instanzen.

Poccis Enkel hat in seiner 1921 erschienenen Auswahl aus den Komödienbüchlein einen anderen als den hier nach der Erstausgabe wiedergegebenen Schluss abgedruckt, der dem Dichter angeblich zu »leblos und langweilig« erschienen sein soll: Bei diesem anderen Ende rächt Casperl sich an dem Professor, er fühlt sich als »Opfer der Wissenschaft«, prügelt die Respektspersonen und schließt: »Dies ist der Sieg des Darwinismus, der Mensch in seiner Ursprünglichkeit! Juhe, jetzt geh' ich ins Wirtshaus«. Mit einem solchen Klamauk-Ende nähert sich das Stück allerdings dem Dult-Kasperl an. Dagegen erscheint das Wortspiel um »Affe«, das ähnlich wie das Umspielen des Köpfe-Waschens am Schluss von »Der Zaubergarten« das Publikum nachdenklicher entlässt, auch nicht ohne Reiz.

Worterklärungen und Erläuterungen

147 Titel und Personen: Pocci greift wiederum ein zeitgenössisch aktuelles Thema auf. Der Untertitel signalisiert, dass nur ein Zwischenspiel, kein selbstgenügsames Stück, vorliegt. – Die Personen tragen wie oft in den Stücken assoziationsreiche und sprechende Namen: *Gerstenzucker* war eine aus Malz hergestellte Bonbonmasse, die gegen Husten gelutscht wurde; es klingen die zeitgenössisch bekannten Namen des Reiseschriftstellers Friedrich Gerstäcker und des Zoologen Adolf Gerstäcker an. *Blaustrumpf* deutet auf eine unverheiratete ältere Dame, *Schöppler* auf einen gerne Wein trinkenden Ratsherren: Sein Rausch, redensartlich auch Affe genannt, beschließt als Pointe das Stück.

149 Gschäften: Beschäftigungen, in mundartlicher Pluralbildung.

Logie: Unterkunft.

Bagatell: Kleinigkeit.

Zins: Miete.

150 Base: bezeichnet Verwandte, meist das weibliche Gegenstück zum Vetter; Geschwisterkind, Cousine.

151 erhuischen: erheischen, wenn Casperl sich vornehm gibt, wählt er statt des »e« volltönende Vokale und Fremdwörter wie »Modification« für »besondere Form« oder »rectifizieren« für »berichtigen, bereinigen«.

aufg'sagt: Mundartlich für gekündigt.

preußisch: Auf dem Hintergrund der zeitgenössisch ausgeprägten Konkurrenz zwischen Bayern und Preußen kritisiert Casperl publikumswirksam die Redeweise des Hauseigentümers.

152 ad libitum: lateinisch für beliebig.

153 Xalifixation: Casperl meint Qualifikation, er verwechselt Fremdwörter, wenn aus Referenzen *Deferenzen* werden, aus der Physiognomie eine *Phusionomie* und aus Schicksal *Stricksal*.

154 Livree: Kleidung der Dienerschaft, hier der des Professors.

Kiel: Der stabile Teil der altertümlichen, vor der Stahlfeder gebräuchlichen Schreibfeder vom Flügel der Gänse.

155 Monsieur ... lui?: französisch, Konversationssprache: »Ist der Herr Professor zu Hause?«.

Stiftschrellerin: Casperl verballhornt im Stil von Schüttelreimen als Affe nicht nur oben die »Touristin« durch Tierlaute, sondern als Professor auch die Schriftstellerin mit Anklängen an »Stift«, das ist ein Institut für unverheiratete Damen, und »schrellen«, altertümlich für »schrill«, d. h. laut und auffällig benehmen.

Adalgise: Name der Gegenfigur zur Titelheldin in Vincenzo Bellinis Oper »Norma« (1831).

156 *Apripos:* Typischer Casperl-Versprecher für »apropos«, übrigens.

»Der Affe ... frisst«: Anfangsvers aus dem sogenannten Bienrodischen Abc-Buch, einem anonym verfassten, allgemein verbreiteten Unterrichtsbuch des 18. Jahrhunderts für Anfänger im Alphabet; diese Fibel ist vor allem durch Jean Pauls »Leben Fibels«, der Parodie einer Autobiografie eben des fiktiven Verfassers des Abc-Buches, bekannt geworden: Die Merkverse daraus hat Jean Paul im Anhang abgedruckt, sie werden aber auch anderwärts in der Literatur als populäres Spruchgut zitiert, variiert und parodiert.

157 *douceur:* französisch für »Trinkgeld«.

159 *Balgerei:* Wie vor der Verwandlung zu dieser Szene schließt sie auch mit einem an die Dult-Kasperl-Stücke erinnernden Grobheit, die wohl Publikumsecho sichert, aber doch auf einen recht lockeren Handlungsaufbau durch den Verfasser hinweist.

Lampl: mundartlich für ein kleines Lamm.

160 *beim Caffetier unter die Bögen:* bei einem Kaffeehaus, unter Arkaden.

requiriren: herbeischaffen, herholen.

ein novum: lateinisch für »etwas Neues«.

161 *Collegialverfahren:* eine Beratung im Stadtrat ist gemeint. Die Ironie gegen die Stadtoberen erinnert an die Handlung in »Das goldene Ei« (Werkausgabe I, 3, S. 9–19).

echofferirt: das französische Lehnwort »echauffiert«, aufgeregt, ist gemeint.

163 *Mores:* von lateinisch »mos, moris«, die Sitte.

Gukuks: eine schriftsprachlich belegte Nebenform zu Kuckuck; zugleich eine euphemistisch verschleiernde Bezeichnung des Teufels.

eventuell citirt: für alle Fälle herzitiert.

naturam expellas tandem: ein falsch wiedergegebenes Horaz-Zitat: naturam expellas furca; tamen usque recurret: Auch wenn Du die Natur mit dem Knüppel austreibst, kommt sie dennoch zurück.

prävalieren: überwiegen.

164 *antidiluvianisch:* ein frühes Erdzeitalter, vor der Sintflut, auch Quartär genannt.

actio de pauperie: Haftung des Tierhalters.

165 *Caution:* Garantiesumme für Schäden.

166 *den Andern:* Gemeint ist der andere Sinn, der redensartlich verwendete »Affe« für einen Rausch.

Editorische Notiz

Unsere Ausgabe folgt der Erstausgabe »Lustiges Komödienbüchlein von Franz Pocci. Fünftes Bändchen«, München 1875, Verlag Ernst Stahl, nach dem Exemplar der Bayerischen Staatsbibliothek München (Rar. 388-5). Orthographie und Interpunktion des Originals wurden beibehalten. Dies gilt nur bedingt für die Handhabung der Interpunktion nach Überschriften und Szenenanweisungen: Hier wurde entsprechend der Statistik in die Zeichenabfolge eingegriffen; es wurden fehlende Punkte ergänzt und nach Maßgabe des Setzergebrauchs die Abfolge von Klammern und Punkten geregelt. Wenige offensichtliche Druckfehler und unbeabsichtigte Inkonsequenzen des Setzers wurden stillschweigend berichtigt. Die Fraktur der Erstausgabe wurde in Antiqua gesetzt, fremdsprachige Begriffe, die nach damaliger Konvention in Antiqua dargestellt wurden, werden kursiv wiedergegeben. Gesperrte Hervorhebungen des Originals bleiben gesperrt. Szenenanweisungen werden in grauer Schrift wiedergegeben. Die Originalillustrationen von Pocci wurden beibehalten und, soweit möglich, an dieselbe Textstelle wie in der Erstausgabe gesetzt. Auch die typographische Gestaltung wurde der Erstausgabe angeglichen. Eventuelle Zusätze des Herausgebers erfolgen in [ ].

Bibliographie

Gisela Tegeler (Hg.), Verzeichnis der Werke Franz von Poccis 1821–2006. Gesamtverzeichnis der gedruckten Schriften, Kompositionen und buchgraphischen Arbeiten Franz von Poccis auf der Grundlage der Zusammenstellung von Franz Pocci (Enkel) fortgeführt und bis 2006 vervollständigt von Manfred Nöbel†. München 2007 (Werkausgabe Abt. X, Band 1)

Für Edition und Kommentierung der Abteilung I (Dramatische Dichtungen) wurden neben dem »Deutschen Wörterbuch« von Jacob und Wilhelm Grimm und dem »Bayerischen Wörterbuch« von Johann Andreas Schmeller Konversationslexika der Pocci-Zeit konsultiert.

Außerdem:

Brüder Grimm, Kinder- und Hausmärchen. Ausgabe letzter Hand. Hg. Heinz Rölleke. 3 Bände. Stuttgart 1980

Die Märchen von Charles Perrault. Hg. Friedmar Apel. Zürich 1985 (Artemis-Bibliothek 22)

Johann Peter Hebel, Schatzkästlein des rheinischen Hausfreunds. Kritische Gesamtausgabe mit den Kalenderholzschnitten. Hg. Winfried Theis. Stuttgart 1981.

Ferdinand Raimunds sämtliche Werke in drei Teilen. Hg. Eduard Castle. Leipzig o. J. [1903]

Hugo Aust, Peter Haida und Jürgen Hein (Hgg.), Volksstück. Vom Hanswurstspiel zum sozialen Drama der Gegenwart. München 1989.

Aus der genannten Bibliographie waren besonders ergiebig:

Tankred Dorst, Geheimnis der Marionette. Mit einem Vorwort von Marcel Marceau. München 1957

Aloys Dreyer, Franz Pocci, der Dichter, Künstler und Kinderfreund. München / Leipzig 1907

Hyacinth Holland, Franz Graf Pocci. Ein Dichter- und Künstlerleben. Bamberg 1890 (Bayerische Bibliothek 3)

Kasperl Larifari. Blumenstraße 29a. Das Münchner Marionettentheater 1858–1988. Hg. Münchner Stadtmuseum u. Stadtarchiv München. München 1988

Ludwig Krafft (Hg.), Kasperl- und Gedankensprünge. München 1970.

Walter Pape, Das literarische Kinderbuch. Studien zur Entstehung und Typologie. Berlin / New York 1981

Franz von Pocci

Schriftsteller
Zeichner
Komponist

I. Dramatische Dichtungen
II. Kinder-, Jugend- und Volksbücher
III. Beiträge zu den »Fliegenden Blättern« und den »Münchener Bilderbogen«
IV. Gedichte
V. Kunsttheoretische Schriften und Korrespondenzberichte für die Tagespresse
VI. Das bildkünstlerische Werk
VII. Kompositionen
VIII. Werke aus dem Nachlass, unveröffentlichte Manuskripte
IX. Briefe
X. Nachträge, Werkverzeichnis, Register

Werkausgabe im Allitera Verlag